蔡艳鹏/编著

选对行业跟对人

H.P.H 哈尔滨出版社
HARBIN PUBLISHING HOUSE

图书在版编目（CIP）数据

选对行业跟对人 / 蔡艳鹏编著.—2版.—哈尔滨：哈尔滨出版社，2017.2
ISBN 978-7-5484-2978-4

Ⅰ.①选…　Ⅱ.①蔡…　Ⅲ.①职业选择-通俗读物　Ⅳ.①C913.2-49

中国版本图书馆CIP数据核字（2016）第270634号

书　　名：选对行业跟对人

作　　者：蔡艳鹏　编著
责任编辑：赵　晶　姚春青
责任审校：李　战
封面设计：源画设计室

出版发行：哈尔滨出版社（Harbin Publishing House）
社　　址：哈尔滨市松北区世坤路738号9号楼　　邮编：150028
经　　销：全国新华书店
印　　刷：哈尔滨久利印刷有限公司
网　　址：www.hrbcbs.com　　www.mifengniao.com
E-mail：hrbcbs@yeah.net
编辑版权热线：（0451）87900271　87900272
销售热线：（0451）87900202　87900203
邮购热线：4006900345　（0451）87900345　87900256

开　　本：787mm × 1092mm　1/16　印张：14.25　字数：200千字
版　　次：2017年2月第2版
印　　次：2017年2月第1次印刷
书　　号：ISBN 978-7-5484-2978-4
定　　价：28.80元

Foreword 前言

只选最对的，不选最好的

每个人都渴望在职场上获得成功，不过，真正的成功只会青睐懂得选择和取舍的人。首先你要知道自己想要什么，然后不断地努力，不停地努力，最终把你想要的变成现实，这才是成功。

如果有人问你，你想过什么样的生活，或是你怎样定位你的职场，通俗地说，就是你想做什么工作，你会如何回答？你心中已经有那个目标了吗？许多人听了这样的问题后都有点不知所措，仿佛他们知道答案，但是又回答不出来。原因就在于他们只是匆匆地生活和盲目地工作，究竟自己要什么，可能从来没有想过。如果连自己想要什么都不知道，那就如同一根在风中摇晃的稻草，没有稳定的根基，很容易被连根拔起，怎么能长成参天大树呢？

我们的职场生涯第一件事情是入行，第二件事情是跟人。第一份工作对人最大的影响就是入行。俗话说，男怕入错行，女怕嫁错郎。在当今职场中，无论男女，在选择职业的时候，都需要考虑如何入对行的问题。一个人选对了行业就等于成功了一半，而选错了行业，必定事倍功半，甚至一败涂地。现代的职业分工已经很细，我们基本上只能在一个行业里成为专家，不可能在多个行业里成为专家。

中国有句古语，橘生淮南则为橘，生于淮北则为枳。在职场上，我们需要清楚地规划职业发展的道路，不选最好的，只选最对的。适合自己的才是最好的，相信自己的需要。你要先弄清楚自己想要什么，如果不清楚自己想要什么，你就永远也不会找到好工作，因为你永远只会看到你得不到的东西，你得到的都是你不想要的。选择一个自己需要的方向，这样才能更好地体会工作的快乐。

我们在选择好适合自己的行业后，一定要跟对人。所谓跟对人，就是入行后要跟个好领导、好老师，刚步入社会的人做事情往往没有经验，需要有人言传身教。对于一个人的发展来说，一个好领导是非常重要的。一个人的知识、能力和习惯是他未来能否成功的关键。对于职场人来说，最能影响到自己职业发展的人，大概就是自己的直接领导和上司了。入对行后，只有跟随一个好领导，才能让自己的才能得到更好的发挥，才能在事业上取得成就。

如果你经常读成功人士的传记，你会发现：许多人之所以能够成功，完全是因为紧紧跟在一位成功人士的后面。因此，与上司或者老板保持关系密切是非常必要的。好的上司，不仅在公司内部能给你很多的指导和鼓励，还能随着他的升迁而让你获得更多的升迁机会。他可能是你事业中的一盏明灯，直接照亮你的职业前途，甚至改变你的一生。

只有知道自己想要什么，才会有行动的方向，才会有行动的动力，才会有忍受痛苦的定力，因为你是在为实现自己的理想而做事。所以走在成功的旅途上，我们必须弄明白：我们真正需要的是什么。只有知道了自己想要的是什么，我们的人生才会有方向，才会更容易成功。的确，知道自己想要什么的人，比什么都想要的人更容易成功。

Contents 目录

第 1 章　了解自我，成功定位

第 2 章　有规划的人生才精彩

第 5 章　人生的另一个规划：创业

第 6 章　选对公司跟对人

第 7 章　谁是好老板

XUAN DUI HANG YE 选对行业
GEN DUI REN 跟对人

第1章

了解自我，成功定位

第一节　知道自己想要什么

人生有不同的阶段，每个阶段的需要都有所不同，知道自己想要的是什么的人，能够从一而终地追求下去。对于追求成功的人来说，也许开始时别人觉得他平凡，但是有了明确的目标，成功就少了些弯路，也省去了重新选择的麻烦。

有位年轻人在巴黎的马路上遇见了一个乞丐。乞丐蓬头垢面，穿着厚厚的夹克和牛仔裤，正在细心地摆他的地摊，只见他跪坐在地上，眼前又大又破的包里放着瓶和碗，以及一些家当：番茄酱、芥末酱、醋，还有许多东西，看上去多数是调料。他那认真、细心的样子，就像在搞艺术品展览一样。发现年轻人在看他，乞丐抬头冲年轻人一笑。这时年轻人不解地问道："你有那么多东西了，为什么还要乞讨呢？"乞丐大笑说："我包里的东西都不是今天我想要的，我得要到每天的面包呀！"

这个乞丐看似平淡的话却提醒了我们，就像他说的那样，尽管他已经拥有了那么多东西，但是他今天最想得到的是"面包"，所以他必须继续乞讨，因为对他而言只有面包才是最重要的，只有面包才是他每天必需的东西。人只有有了目标，知道自己想要什么，才知道接下来该如何行动，继而得到自己想要的东西。

可是生活中知道自己想要什么的人少之又少，因为大多数人的想法都存在变数，今天想要得到的，明天却未必再想要，一觉醒来就会冒出来一个新的想法。他们误以为那是自己想要的，可是沿着这条路走不了多久就会停下来，又要重新选择了。可能他们会说："我们年轻，有的是选择的机会。"许多人之所以在生活中一事无成，最根本的原因就在于他们不知道自己到底想要什么。

其实很多时候，连我们自己都不知道自己想要的到底是什么，所以才有了那么多口是心非的理由，实际上，这都是没有勇气去面对现实的借口罢了。成功需要很多条件，什么是最重要的？恐怕莫过于弄清自己想要什么，这对刚刚进入职场的人来说尤为重要。

彼得是一个刚刚从师范大学教育学院毕业的大学生，做教师应该是最理想的职业，于是他和同学通过网络、招聘会向各学校投简历。很快，他们都接到了许多学校的面试通知。最后彼得选择了一所高中，准备去那里当教师。就在签协议的时候，彼得却犹豫了，他发现眼前这份即将到手的教师工作似乎不是自己想要的工作，他觉得自己可能更适合去企业工作。于是，他同这所高中协商，推迟了签协议的时间，同学们都觉得他疯了，现在教师这个职业是很多人梦寐以求的，许多人走后门托关系都希望去学校工作，而彼得就这样放弃了这么好的机会。接下来，彼得找了三个月的工作，他内心的求职意向却越来越清晰，他想去大型国营企业工作，“企业的环境很适合我的个性，不选择私营企业，是因为它的管理不规范。”

在调整了求职意向后，彼得接到了中国电信的面试通知，因为他清楚自己的人生目标，早就作好了准备，所以顺利通过笔试、面试，一路过关斩将，最后如愿以偿地被中国电信录用了。现在已经工作的彼得每天过得开心、充实。彼得说：“这个工作和我当初的预期完全不一样，但是我很满意。和身边的同学比起来，我的求职经历算是比较曲折的，找了三个月，经历了三家公司试用。最后，我是在找工作的过程当中，才知道我想要什么，才得到我现在的工作。”

在别人都替彼得惋惜的时候，彼得没有被别人的看法左右。他清楚地知道自己想要什么，什么才是适合自己的工作，所以他积极准备，很轻松地找到了自己满意的工作。现在，他已经知道自己想干什么，知道自己应该怎么做。他期待着收获，他也一定能获得成功，因为有了坚定的目标，没有什么困难能挡住他前进的脚步。

知道自己想要什么，以及追求的目标是什么是所有人都必须面对的问题。如果你想成功，就不能对此避而不答。如果你不知如何回答，那么不要惊慌，冷静下来什么也不做，仔细地思考一下，聆听自己的心声，找寻自己内在的需求和真正渴望得到的东西，了解自己的个性和能力，给自己作一个规划，哪怕是简单的，但它必须是明确的，这是成功的开始。

你有没有觉得工作了一段时间以后很不开心，有没有觉得自己入错了行，有没有觉得工作像一团乱麻，每天上班就是一种痛苦，有没有觉得很想换个工作，有没有觉得其实现在的公司并没有当初想象的那么好？有一个年轻人就遇到了上述问题，他对自己目前的工作很不满意，于是去向职业规划师咨询。他说想找一个称心如意的工作，一份适合自己的、能让自己发光发热的工作。规划师问他："那么，你的理想职业是什么呢？"年轻人皱起眉头说："我也说不太清楚，我还从没有仔细考虑过这个问题。我只知道现在的工作不是我最理想的。"规划师接着问："那么你的爱好和特长是什么呢？"年轻人回答说："我也不知道，这一点我也从没有仔细考虑过。我就是不知道我究竟喜欢什么，擅长什么，所以才不知道怎么才能找到自己理想的职业，因为我从来没有仔细考虑过这个问题。"规划师笑笑说："我想你确实应该好好考虑考虑了，你不知道你想去哪里，你不知道你喜欢做什么，也不知道你到底能做什么，只是不停地做，不停地奔波，却抓不住问题的关键。你现在的挫折感、烦躁感以及你的迷茫，都是因为你没有明确的方向所致。如果你真的想做点什么的话，那么，现在你必须拿定主意，才能开始新的人生。"

许多年轻人在选择工作的时候总是遇到什么就做什么，没有一个良好的规划与明确的方向，也不知道自己适合做什么，所以找不对路，即使有了工作业绩也是平平。他们不了解自己能够做什么，也不知道自己真正想做什么，所以在不停地变换。对于每一份工作，他们几乎都是一开始时雄心勃勃，充满了玫瑰般的梦想，但是没过多久，就变得沮丧，甚至可能失去努力实现梦想的信心和勇气。

第二节　梦想是成功的第一步

走在通向成功的途中，我们可以一无所有，但不能没有梦想。如果人生没有梦想，就好比陷在黑暗当中，不知道哪里才是方向。一个人，一旦有了梦想，就会进步得很快；一旦有了崇高的梦想，就会为了实现这个梦想而努力，甚至用毕生的精力去追求。有了这份矢志不渝的信念，还用担心不成功吗？

一个有梦想的人，总是对生活充满了无限的热情与活力。随着年龄的增长，我们会发现梦想对于我们每一个人来说都是非常重要的，它是一种能激发自身动能释放的引子。而我们中的大多数人只是忙于低头干活，没有时间抬头看路，更没有时间去关注自己的梦想。如果你暂时没有成功，没有地位，没有财富，这些都没有关系，只要你有成功的欲望，只要你把这种欲望尽情地释放出来，只要你善用自己的智慧和毅力，只要你对自己有足够的信心，成功就不会太远。

在约翰小的时候，他的父亲经常带他到海边玩。有一次，父亲一边指着海上的巨轮，一边给约翰讲生活中的一些道理。不过，年幼的约翰似乎对父亲的生活道理并不感兴趣，而是目不转睛地望着停泊在码头的巨轮。

望着这些巨轮，约翰心中产生了疑问：这么大的轮船可以稳稳当当地在海上航行，这是怎么回事？真是不可思议啊！约翰不禁十分羡慕巨轮上的船长，就对爸爸说："爸爸，以后我要做船长！"

望着约翰坚毅的眼神，父亲高兴地说："好孩子，你的梦想真伟大。不过，做一个船长非常不容易，他必须要考虑很多问题，思考必须非常全面、周到。"父亲开始进一步启发约翰了。

父亲接着说道："现在天气晴朗，风平浪静，船在海中航行得非常安全。但是如果出海之后，轮船遭遇暴风雨，船长应该怎么做呢？"父亲抚摸着约翰的头，语重心长地说道："如果要做船长，就得提前想到这些情况，提前作好一切准备工作。其实，做其他事情也是一样的，都要事先考虑周全，随时准备应付一切可能发生的事情。"

父亲的话深深影响了约翰的一生。父亲支持、鼓励自己去实现梦想，并启发自己应注意哪些问题，于是，约翰从那天起就坚定了自己的梦想，并向着自己的梦想不断努力。最终，约翰创办了海上货运公司，并拥有了一支庞大的船队。

人活在世上，不能没有梦想，而对于梦想的追求，并不是一个空洞的信念，它是一种重要的力量，就像约翰一样，为了自己的梦想，要付出艰辛的努力。有了梦想的支撑，你就有了努力与拼搏的动力；没有梦想的支撑，你就像一个已经泄了气的皮球，成功的路就走不下去了。梦想就像一盏指路明灯，指引你走出绝境；梦想就像荒漠中的一个绿洲，滋润你的身心，带你走出困境。有了梦想才有希望，才有前行的力量，人生就是一个为梦想而奋斗的过程。人的一生难免经历磨难，遭受挫折，只要不放弃心中的梦想，顽强拼搏，我们就能实现自身的价值。

马云曾经说过："只要你敢于梦想，一切皆有可能。"马云在杭州长大，少年时代，他通过收听《美国之音》广播的方式学习英语。在考入杭州师范学院之前，马云曾两次高考失败。在大学里面，马云的英语成绩相当好。1988年毕业之后，他教了几年的英语。而即使是在他当老师的时候，他仍然有成为一名企业家的冲动，他始终坚信有朝一日一定可以创立自己的公司。为了这个梦想，马云不断地努力，他坚信只要有梦想，每个人都能创造自己的辉煌。对于想成功的人来说，这种梦想的力量能够帮助他们在面对各种困难时毫不畏缩，坚持不懈地走下去，使最初的梦想得以延续。梦想是获得成功的秘诀。拥有了梦想，并为之勇于进取，就会像马云一样，以往日的努力成就今日的灿烂辉煌。

大多数人都有梦想、都有企图心，不过，只有少数人能实现梦想、达成目标，事与愿违者比比皆是。究其原因，多是在面临困难、遭遇逆境时未能坚持自己的梦想。如果能够坚守梦想，迎接挑战，勇往直前，那么你一定会成功。要相信生命的奖赏只会高悬在旅途的终点，你永远不可能在起点附近找到属于自己的钻石。

“宝剑锋从磨砺出，梅花香自苦寒来。”要想长成参天大树，就必须接受风雨的洗礼。2008年北京奥运会上，大家永远不会忘记这个名字——陈燮霞，25岁的她不负众望，在女子举重48公斤级比赛中，以抓举95公斤、挺举117公斤、总成绩212公斤夺得北京奥运会中国体育代表团首枚金牌，并打破该项目奥运会纪录，成为第一个站在北京奥运会之巅的中国运动员。在一“举”成名天下知的背后写满了奋斗的艰辛，但她从来没有放弃过，因为那是她的梦想。凭借自己雄厚的实力和积极的心态，她圆了自己的奥运梦，也圆了中国人的梦。

梦想成就人生，成功在于拼搏。陈燮霞曾对记者说：“人应该有一个梦想，我的梦想让我充满了力量。”的确，有梦想就有希望，梦想是激励人向上的动力。梦想可以产生一股强大的力量，你可以利用它来补充你的精力，并发展成一种坚强的个性。正是梦想引导陈燮霞走上了奥运冠军的领奖台。

梦想是成功的第一步，每个人都应有自己的梦想。其实为自己塑造梦想的过程十分简单，首先，确定自己的梦想是什么，这时需要你扪心自问：我是一个有梦想的人吗？假如你的回答是“没有”，那么为了成功，你需要有自己的梦想，因为能明确说出他们梦想的人，比那些对自己的梦想只有一个模糊概念的人，会有更大的动力、更多的机会去实现他们的梦想。假如你的回答是“有”，那么你已经拥有了一半的成功机会，接下来，怀着对梦想的执著追求，用你的毅力和恒心去追求、实现你的梦想。

《少林足球》中有这样一句台词：“做人如果没梦想，跟咸鱼有什么区别？”我们应该相信，梦想决定着一个人的发展高度。你希望成为什么样的人，你就是什么样的人。只要有远大的目标，有积极的心态，就有可能创造奇迹，也就有可能改变世界。也许，你已经错过了生命的早晨，可是生命还在继续，路还在脚下，一切都还不算太迟。

在成功的旅途中，我们有太多的迷茫和失意。当我们决定要放弃时，新的一天、新的梦想又给了我们希望。我们在不断勾勒梦想，揣想现实的残酷，窥视世界的模样，而我们所拥有的，正是坚守梦想、永不言弃的精神力量，它鼓舞着我们勇敢地绘制未来的蓝图。总有一天，你会站在金字塔的塔顶，成功触手可及。

第三节　善用自己的天赋

从生物学角度来说，天赋就是人体中神经系统的分工和布局所形成的能力系统，就如同电脑的一套硬件和附件所具有的功能一样。天赋其实就是天分，是人成长之前就已经具备的成长特性。工作中所谓的“天赋”，并非“天赋异禀”中的“天赋”，而是一个人的个性、喜好、专长和志趣。“天生我材必有用”，每个人都有长处、优点，也有短处、缺点。如果善用优点，克服缺点，就能发挥天赋，在职场上如鱼得水，勇往直前。

认识自己，发挥并经营自己的长处，你才能更准确地发现自己的天赋，找到成功到达目的地的最佳途径。当我们努力实现自己的梦想时，我们不得不关注自己的职业天赋，因为它是我们获得成功的秘密武器。碌碌无为的人容易自命清高，故步自封，喜欢批评别人，他不知道自己的长处和才能是什么，更不懂得经营自己的长处。而成功的人则善于经营自己，善用长处拼搏，因此这样的人现实、积极，富有激情，不怕挫折和失败，具有拼搏精神，也就会有更多的收获。

有这样一则寓言故事。在广阔的草原上，一只小羚羊垂头丧气地问老羚羊：“这里一望无际，没遮没拦的，我们又没有锋利的牙齿，难道天生就要成为狮子、老虎的腹中物不成？这就是我们的命运吗？”老羚羊笑笑回答道：“别担心，孩子，我们的确没有锋利的牙齿。但是我们拥有可以高速奔跑的腿，这是我们的天赋，只要我们善于利用它，即使再锋利的牙齿，又能拿我们怎么样呢？”小羚羊听完开心极了，它以前总是担惊受怕，觉得自己那么渺小，从来没想过自己身上的长处是什么。从今天开始，它再也不用害怕了，只要它能善用它的长处——高速持久的奔跑优势，一样能够开心地生活在广阔的草原上。

在古希腊的“戴尔波伊神托所”门口竖立着一块古老的石碑，上面写着醒目而发人深省的大字：“认识你自己！”这句名言被著名的法国启蒙思想家卢梭称赞为“比伦理学家们的一切巨著都更为重要、更为深奥的至理名言”。我们每一个人都应该善于自我认识，善于发现自己的特长与优势，善用自己的天赋，让自己更好地生存与发展。总的来说，天赋就是我们最具威力的神经和生理系统，它容易被经过后天努力锻炼出来的能力，或规范化的情景遮挡住，也容易被我们忽略，却能让我们轻而易举地取得职业成效。

我们都知道天赋中蕴藏着巨大的能量，如果不能充分利用，那就相当于把珠宝埋没在地里。既然意识到了天赋的重要性，那你就要问一问自己：在职业定位中，找到适合自己的位置了吗？知道自己的天赋吗？对此，不妨冷静想一想，不要像无头苍蝇一样到处乱撞，浪费精力。发现自己的天赋并充分利用它，你的成功会来得更快些。

王小姐在一家广告公司工作，最近她发现自己的工作越来越不顺心，公司的问题也越来越多。王小姐认为自己很有能力，但是却发挥不出来，因为她觉得老板不善于管理，工作上存在不少漏洞，周围的同事们不思进取，得过且过，没有人能给她发挥的空间。在她看来，这家公司没什么发展前途了。所以她的工作态度越来越消极，她想离开这家公司。

而同一团队的李先生则不然。虽然他也觉得老板的管理能力有所欠缺，但李先生自己的思路是清晰的。工作中，李先生先自己整理出一套计划，然后再执行，既达到了领导的要求，又充分发挥了自己的组织能力。每当遇到同事们不配合的情况，他便充分地利用自己的长处，调动同事们的工作积极性，充当领航人的角色。结果，李先生很快便成了公司的红人，得到了老板的赏识和同事的支持，不久被提升为副经理，主持公司的主要事务。这样的境况让王小姐很尴尬，这时她才发觉自己的组织能力和领导天赋并不输于李先生，只是在最需要发挥的时候她没有意识到这些，也没有充分地发挥自己的潜力，结果错过了晋升的机会。

成功有原因，失败有理由。但失败后绝不能埋怨别人，而是要充分看清自己的优势及劣势，这样才能扬长避短。如果不认清自己，不知道自己有什么天赋，那肯定谈不上经营自己。

从人的个性来说，喜欢说话，能言善辩，有这种天赋的人更适合做推销员、市场人员、外交官、公关人员等；一个内向、沉稳的人更擅长出版、科研事业等。所以如何正确定位你的职业方向，和你的天赋是分不开的。我们要善于经营自己的长处，不断挖掘自己的潜能，在人生的长卷上留下鲜艳的一笔。

世界首富比尔·盖茨最高文凭是中学，他在哈佛大学没毕业就经营自己的电脑公司去了。他后来的成功令人刮目相看、赞叹不已，原因就在于他是一个非常具有天赋并且善于经营自己的人，小的时候，他就对电脑技术有着自己独到的见解，对它的未来有着十分准确的预测。因此，还未等到大学毕业证书，他就毅然决定离开大学，因为他认为只有在电脑领域才能发挥自己的天赋。于是他全身心投入到他所擅长的电脑技术中，成就了今天的微软事业。

天赋是职场经历中的一片沃土，成就的种子就在它的下方。如果你在这里努力耕耘，它会带给你意想不到的收获。在这个世界上，每个成功者都是抓住了自己的长处，并把它发挥得淋漓尽致。盖茨成为世界首富，追根溯源就是他充分发挥了自己的长处。

梅杰47岁就登上英国首相宝座，为世人所称道。但是他在年轻时并无超人的聪明之处，甚至16岁时因成绩不好而退学，后又因心算差而未被录取为公共汽车售票员。后来他成为英国首相，令许多人费解：一个连售票员都不能胜任的人怎么当了首相？针对这种怀疑，梅杰在一次谈话中回答说："我很了解我自己更适合什么，首相不是售票员，用不着心算。"

的确，梅杰在早年就表现出了对政治的极大兴趣，时常在布里克斯顿的市集发表街头演说。在1964年，21岁的梅杰开始参选位于伦敦兰贝斯区的地方议会，开始了自己的政治生涯。1990年11月28日，这位颇具政治头脑的人物被召唤到白金汉宫，正式被任命为英国首相。

发现自己的长处并善于经营，是一种聪慧的生存方式，也是我们摆脱局限，超越自己，超越别人的捷径。不管是来自何方的河流，它的源头都在高处。一生中无论你怎样东奔西走，最终用来谋生的还是你的天赋。在你的天赋里，隐藏着成功的秘密，那里是属于你的地方，是你最正确的定位。如果你不甘平庸，渴望成功，那就唤醒你的天赋，让它带你登上最高峰吧！

第四节　做你最感兴趣的事情

也许每个人对快乐都有自己的看法，有人认为变得富有就会快乐，有人认为官位提升可以带来快乐，有人认为实现自己的社会价值才是快乐……其实这些都对，有位哲学家这样说："所谓快乐，所谓成功，无非就是能够做自己喜欢做的事，做自己感兴趣的事。"的确，只有做自己感兴趣的事，才能从中体会到快乐，才是人生最大的成功。试想，一个对自己所从事的事情不感兴趣的人，又怎能全身心地投入到事业中，并有所作为呢？相反，如果一个人所从事的工作就是自己喜欢的，那么他在工作中就会充满激情，全身心投入，才可能有所建树。

喜欢自己所做的事，事业在其中，快乐也在其中，这就是成功的智慧。事实上我们可以想象，如果从事自己不感兴趣的职业，那么很难在工作中感受到快乐，长期下去你会很难感到自己是成功的。只有当我们做自己真正喜欢并且能让他人从中受益的工作时，才可能获得事业上的成功。做自己最感兴趣的事，就会让我们每天充满工作的动力，即使遇到困难也有战胜它的勇气，因为做自己喜欢的事是不会感到辛苦的。除此之外，没有其他方法能让我们体会到真正的满足和快乐。

莎士比亚是英国伟大的剧作家和诗人，几百年来，莎士比亚的戏剧一直被人们传诵着、演绎着，他成了全世界最受欢迎的剧作家之一。而少年时代的莎士比亚听从了父亲的安排，开始经商，虽然赚了很多钱，但他并不快乐，因为他心中最热爱的事业是戏剧。莎士比亚把国王的赏赐和自己所赚来的钱集中起来，投资建成著名的环球剧场，正因为他在小的时候就由衷地热爱戏剧，长大以后又得以从事自己喜爱的戏剧创作，才使他有极大的热忱和非凡的创造力为人类留下许多不朽的艺术作品。

可以想象，对于一份自己不喜欢的职业，你会有恒心和激情去为之奋斗吗？一定不会，如果你一直做自己感兴趣、非常喜欢的事，你的内心便会充实快乐。所以说，做自己感兴趣的事才会有一份持久的动力。那如何找到自己的兴趣点呢？一个人想知道自己的兴趣点在哪，就要多尝试不同的事情，有很多时候我们需要长时间的认真体会与思索，需要耐得住寂寞，等待属于你的那一刻。也许你很钦羡那些如今功成名就的人，但是你可曾看到他们当初寻找自己感兴趣的事情的那份耐心呢？每一个成功者都有过一段低沉苦闷的日子，他们敢于等待那份自己真正热爱的工作，因为他们在慢慢了解了自己的兴趣所在后，才找到了适合自己的职业。

赵进东院士是一位有着杰出成就的科学家，由于在蓝藻细胞分化和发育与分子机理研究方面取得重大成就，他曾先后获得美国李氏奖金、青年科学家安泰奖、国家杰出青年科学基金等奖项。在布满荆棘的科研探索路途中，任何成功都不是一蹴而就的，每位探索者必然会遭遇挫折和困境，赵进东能够取得这样的成就是因为这是他热爱的事业，所以他能够克服一切困难。1994年，赵进东刚从国外归来，当时生命科学在国内还是新兴学科，工作几乎是从零开始。但艰难的环境并没使他屈服，相反，正是在这段日子里，他通过研究蓝藻细胞分化取得了一系列重大的发现。赵进东用几十年的工作经历告诉我们："人可以做自己喜欢做的事情，还可以谋生，这就是成功。即使我现在不是院士，不是所长，但还是认为自己是成功的，因为我在做自己最感兴趣的事。"

当我们做的每一件事都跟自己的理想越来越接近的时候，我们就会发现每做一件事情都是那么美好，也就会越来越喜欢自己所从事的工作，当然也就可以乐在工作中。当你乐在工作中时，你的工作效率会更高，工作质量会更好，就会得到更多人的肯定与支持，这时候你就会更喜悦。

事实上，做自己感兴趣的事情就是乐在工作中。因为通过自己热爱的工作，我们可以实现自己的理想，这是一个良性的循环。去做自己喜欢的事，做自己擅长的事，你会觉得不成功都难。因此，人快乐的秘诀就是做自己感兴趣的事。

成功学家卡耐基曾经向一位著名的成功人士请教成功的第一要素是什么，成功人士的回答是：做自己喜欢的工作，爱上你的工作。从心理学上讲，当一个人从事自己喜爱的职业时，他的心情是愉快的，态度是积极的，因此他也很有可能在喜欢的领域发挥最大的才能，取得最佳的成绩。有些刚进入职场的年轻人，不喜欢自己目前的工作，所以他们不能全身心投入目前的事业，也就不会作出成绩。刚踏入社会的年轻人需要多尝试，即便不喜欢目前的工作，也要把自己应该做的做好，慢慢发现自己的兴趣所在，然后沿着自己的兴趣慢慢规划出适合自己的职业。

美国第一位亿万富翁、石油大王洛克菲勒在叙述自己的成功经历时说："我由衷地喜欢自己做的事，我永远也忘不了我的第一份工作——簿记员。那时，我虽然每天天刚蒙蒙亮就得起床去上班，而且办公室里点着的油灯又很昏暗，条件十分艰苦，但这一切都不能让我对它失去热情，那份工作从未让我感到枯燥乏味，反而很令我着迷喜悦。我从未尝过失业的滋味，这并非我的运气比别人好，而是我在做自己感兴趣的事情，所以我从不把工作视为毫无乐趣的苦役，而且能从工作中找到无限的快乐。"洛克菲勒希望把这种快乐工作的方式传给儿子，他在给儿子的信中说："如果你的工作源于你的兴趣，人生就是天堂；如果你的工作只是生活的工具，人生就是地狱。"

如果一个人做自己不喜欢做的工作，他就会轻视自己的工作，而且总是抱着得过且过的心态工作，应付差事，这样的态度肯定不会从工作中享受到乐趣。带给你快乐的既不是财富也不是辉煌，而是你从事的事业是你最想要做的事。如果你仅仅为了钱而工作，快乐就会一直躲避着你。这样机械地工作，你的事业就会缺乏成就感，你也不太可能体会到生活的真正意义。如果我们研究一下事业成功人士的成长史，那么我们会看到，最容易成功的人，就是那些做自己内心深处真正喜欢的工作，从事自己最擅长的事情的人。做一份自己喜欢的工作，再苦再累也是心甘情愿，乐在其中。

伟大的科学家爱因斯坦提出了相对论，他举了两个通俗易懂的例子向大家解释什么是相对论：当一个小伙子独自一人坐在温暖的火炉旁时，他会觉得昏昏欲睡，一分钟就像一小时那样漫长；而当他和一个美丽的姑娘坐在冰天雪地里的时候，他会觉得时间飞逝，一小时就像一分钟那样短暂。其实我们的工作也属于相对论的范畴，做自己喜欢的事，你会觉得快乐无比；而从事的工作是你不感兴趣的事，你会觉得工作就是煎熬。

如果一个人认为自己的工作辛苦、烦闷，那么他的工作决不会做好，这一工作也无法发挥他的特长。在社会上，有许多人不喜欢自己的工作，视之为衣食住行的供给者、不可避免的劳碌、迫不得已的行为。其实，当你找到自己感兴趣的事业时，你就会发现那可能是人生中不可多得的幸事。试试看，去寻找自己感兴趣的事，做自己真正喜欢的事，你就离成功不远了。

第五节　南橘北枳的启发

都说环境创造命运，成功的环境可以创造成功的人生，不好的环境会导致失败的人生。就像人们常说，近朱者赤，近墨者黑。可见环境对人的影响是非常大的。

客观环境始终制约着主观能动性的发挥。历史上，拿破仑的伟大实属时势造英雄。当时法国大革命后，国家面临内忧外患的形势，资产阶级需要一个有才能的人来执政，于是拿破仑在这样的形势下奋斗才有了结果。假如没有法国大革命后那种形势，拿破仑最多也就是一个高级军官。客观环境可以决定个人成功的层次水平，环境改变了，命运就会跟着改变。想要定位自己的方向，周围的环境是你不得不考虑的。

南橘北枳这个成语故事告诉我们，橘生淮南则为橘，橘生淮北则为枳。同一种植物，当生存环境改变了，它竟然也“变质”了。这无疑提醒我们，职场也是大环境，它随时都在发生变化，如果你忽视职场环境，就很难定准自己的方向。

环境虽然是外部因素，但是没有环境，就无法将社会映射入内心，使世界更加真实。所以说，环境是一个引子，是一切新思想、新事物的源头。环境不一样了，可能一切就得跟着作调整，盲目地照搬照抄无疑是死路一条。

被人们称为“汽车疯子”的李书福，曾经说过这样的话：“别人没做，我们更应该做。即使无力回天，也可留下一个时间上的思考。世界上任何一个能够做大、做强、做好的企业不可能用别人的品牌。我不反对‘挪威的森林’，但更好的是，我们要在自己的土地上长出雄伟粗壮的白桦林！”这段话想要表达的就是：别人的成功可以参考，但不能全部照抄，因为别人的成功是在他的环境下取得的，如果你不假思索地照搬照抄，几乎是白费力气。

假如你想取得某人那样的成就，就去学习某人，相信他的信念，按照他的思考模式去思考问题，锻炼自己敏锐的洞察力，一段时间之后你就会很轻易地发现自己的思考模式跟以前不一样了，与成功者越来越接近。这种方法对许多刚刚步入社会的年轻人，尤其是那些想自己创业的人来说是一条捷径。每个人在定位自己时，向其他人学习当然无可厚非，别人的成功确实值得我们借鉴，这种参考能让我们更明确自己的方向。许多人也是受别人成功经验的影响才找到自己成功的方向的，但是这些人绝对不是盲目的模仿，他们是在学习、参考别人的经验后和自己的实际情况相结合，找到了一条适合自己的路，所以也能成功。

有这样一则寓言：一只乌鸦很崇拜老鹰，它见老鹰从悬崖上以优美、矫健的动作飞下叼走一只小羊羔，羡慕得不得了。于是，乌鸦开始细心观察老鹰的一举一动，它梦想着自己也能像老鹰一样成功地抓住自己的猎物，于是它仔细地学习老鹰的每一个动作、每一个姿态乃至每一个眼神。它模仿得真的太像了，于是它认为自己已经具备了老鹰的能力，决定去捕捉猎物。结果乌鸦毕竟是乌鸦，就算模仿得再像老鹰，老鹰捕猎的方式也不适合它。没有结合实际的乌鸦最后被牧羊人抓住了，还被剪掉了羽毛扔给孩子们玩。这则寓言告诉我们，要根据自身的特长和特点去选择和学习对我们有用的东西，不能盲目地模仿。每一个人都是一个独特的个体，我们的生活环境、人生目标、人生阅历、兴趣爱好和性格特点等本就有差别。

已经习惯了“拷贝”模式的人，只能永远活在别人的阴影下，找不到自己的方向，长期下去他们的思想会被模式所束缚，他们以为只要按照成功者的路子走下去自己也能成功。其实每个人都有不同的特点，成功不是使用复印机那样简单，放上白纸，按一下“COPY”键，成功就出现在眼前了。就像有些初期创业的人盲目模仿大公司一样，觉得按照大公司的做法去开拓市场，制作方案，就能在短期内看见成效。向成功的企业学习方法是有益于刚起步的公司的，但盲目地照抄照搬只会葬送了小公司的前途。因为大公司投资较大，为了稳妥，一般在制作方案时比较慎重，许多有风险的投资都将受到阻碍。这种方法对于小公司就不适用，刚起步的公司是在摸索中前进的，要敢于冒点风险，敢于尝试，对小公司来说机会更重要。同一种方案在不同的环境下就有不同的作用，所以学习别人的成功方法固然重要，但是更重要的是要清楚地知道这种方法适合什么样的环境。

别人的成功方法不一定就是我们的成功方法，我们不否认模仿成功的确对自己的成功有很大帮助，但别人的成功方法就像水一样，既可载舟也可覆舟，就看你怎样去琢磨采用，一味地模仿而不结合实际情况往往会妨碍我们走自己的成功之路。

古希腊哲学家苏格拉底因独特的哲学观而闻名于世。“认识你自己”就是苏格拉底对他学生的忠告，他也是这样要求自己的学生的。柏拉图20岁时就拜苏格拉底为师，跟他学习了10年，因此深受苏格拉底思想的影响。但柏拉图没有照本宣科地复述老师的思想和观点，他与苏格拉底的学术观点有很大的不同，形成了自己特有的风格。他受老师的启发，希望自己的学生也能按照自己的方式理解哲学，所以他的学生在自己的领域都各有建树。他经常同学生展开大辩论。在一场大辩论中，柏拉图的一个学生大放异彩，这个人就是亚里士多德。亚里士多德和柏拉图的学术观点分歧也很大，到柏拉图的晚年，师徒二人经常发生争论。柏拉图去世后，亚里士多德创建了一个学派——学者们习惯在花园中边散步边讨论，因而得名“逍遥学派”。苏格拉底、柏拉图、亚里士多德师徒三人全都声名显赫，在学术上一脉相承，但都各自坚持自己的独立思考精神，被后人尊称为“古希腊三贤”。

同一师门因不同的人，不同的环境，最终产生截然不同的哲学观，也成就了三位学术上各有成就的大师。可以说，不同的环境成就不同的人生，想要成功定位自己的人，就不能盲目地模仿别人的做事方法，切忌照抄照搬别人的模式。

那些成功者在成名之前是什么样的，你知道吗？他们是怎么积聚自己的能量，才有了今天的成就？简单模仿他们，可能是南辕北辙。成功不是简单模仿就能获得的。从现在开始，从自己身边的环境开始，重视环境带给我们的改变，积极地去适应它，为自己的成功定位塑造良好环境，那么我们的事业也会一步步得到提升。记住那句话：环境改变命运。所以，好好地把握环境，改变你的人生。

第六节　学习小马过河

一个人的力量总是渺小的，尤其对于初出茅庐的职场新人来说，缺乏经验，缺少辨别能力，以个人能力所能知道的极其有限，总有不如人的地方，总有自己不懂的事，这时需要虚心向别人请教。

早在2000多年前，埃及国王阿克图曾给他的儿子一个忠告，他说："谦虚一点，它可以使你有求必得。"在工作和生活中，当你遇到了难题时，别忘了谦虚一点，向他人请教。

乔布斯在创建苹果公司时，连如何经营管理都不懂，他开发了一件新产品，往往不知道该如何定价。但他知道最快的学习方法就是看别人是什么做的，于是他就跑到零售商那里去请教，因为他认为如何定恰当的价钱应该是常与消费者接触的销售商最清楚。在销售商那里，乔布斯出示了新产品，问他们："像这样的东西在这里可以卖多少钱？"他们都会坦诚地告诉他行情。参考销售商的意见自然省了不少力气，多走几家，多请教几个人就会有个大概的方向，然后再结合市场需求，乔布斯就定出了合理的价位。

小学课本中讲过大家都熟悉的故事"小马过河"。小马由于刚出生不久，所以从来没有独自穿过面前的这条河，这时小马作了个正确的决定，就是问一下其他有经验的动物，给自己作一个参考。其实我们在定位职场方向的时候，也可以虚心请教一下经验丰富的人，虚心学习别人的经验，为自己的成功赢得砝码。

美国南部农村的一个小伙子在一家工厂做学徒。一天，他无意中在一本杂志上看到了一些大企业家的故事，他很想知道这些大企业家是怎么发家的，希望通过他们学习经验和方法，于是他不辞辛苦地跑到纽约去向其中一位大企业家请教。他对大企业家说："我很佩服您的创业精神，我想向您学习一下成功的经验，我想知道我怎么能够找到适合自己的路？"这位大企业家非常欣赏这个小伙子，和他谈了一个多小时，告诉了他许多好的方法和刚刚工作时的经验，临走时又向他介绍了几位其他的成功人士。

于是小伙子相继请教了许多一流的商人、总编辑、银行家等。通过不懈努力，他学到了很多知识、经验以及成功者的思想作风。参照他们的做法，当小伙子20岁出头的时候，就已经成为他当初做学徒的那家工厂的主人了。不到五年，他就如愿以偿地拥有了百万美元的财富了。最终，这个来自农村的小伙子成为一家大银行董事会的一员。

虚心请教别人固然重要，但是请教别人的意见不是让你失去自我，所以我们每个人必须要有主见，要能够自己掌握自己的命运。在别人给了我们指导后，我们应该自己鼓起勇气去尝试，就像小马一样，当它自己蹚过眼前的河流时发现水的深度和其他动物描述得都不一样。只有你自己尝试过后才知道面前的路适不适合自己。站在河边不动，你永远不会知道水的深浅，永远不会蹚过河。成功，在于大胆进行尝试。成功之路遥远而迷茫，前方是未知的，我们在给自己的职业生涯定位之前，需要不断探索尝试，敢于踏出第一步，这样才有成功的机会。世间最可怜的是那些遇事举棋不定、犹豫不决、不知所措的人。他们不敢决定自己的命运，因为他们不知道决定的结果是好是坏，连试试的勇气都没有，就这样失去了成功的机会。

胡适的一句经典话语就是"自古成功在尝试"。也许很多人都很喜欢这句话，并从中受到些许的启发，从而开始去尝试一些事情。当你面对一个机会时，尝试了才知道自己能不能成功，就算没有成功，也可以对自己有更进一步的了解，积累更多的经验。尝试其实是一个不断接触、体验的过程，很多事情并不是在最初就可以看到、预料到结果的，尝试可以改变甚至创造一个结果，而我们在不断尝试时，也是在确定自己的方向，定位自己的人生。

小李去年毕业于某大学数字传媒专业，费尽心力终于在人才市场找到了一份还算不错的工作。可是上班不久，他发现这份工作不是很适合自己，加之他觉得自己所学的专业很适应现在的市场需求，于是萌生了自己创业的念头。现在很多初涉职场的年轻人都有自己创业的想法和能力，但是他们就是怕冒险，不敢尝试。小李当初想自己创业的时候，周围的人都很不理解，但他还是去做了，并且成功了，他对那些不敢尝试的人说："每个人都有自己的梦想，但并非每个人都曾经尝试去实现它，如果连尝试都不敢，就不可能成功。机遇来了，就要看你是不是一个有准备的人，只有自己试过了才知道这条路适不适合你。"

在实践中学习，在学习中实践，久而久之，你就可以弄清工作的规律性，就会由不知到知，由不会到会，由知之不多到知之甚多，由会干到得心应手。莎士比亚曾说过："本来无望的事，大胆尝试，往往能成功。"是的，我们只有不断地去探索尝试，才能找到适合自己的路。不敢行动的人就没有成功的机会，永远与成功无缘。只有大胆进行尝试，敢于抓住时机，并积极地付诸行动，克服困难，你才会最终取得成功。

人的一生会经历无数次尝试。从咿呀学语、蹒跚学步，到长大之后的学习、工作……千千万万的尝试中，有失败，有成功，有快乐，有泪水，同样也会有幸福和辛酸。而敢于尝试的人从不停顿下来坐等成功的降临，他们总是一步一个脚印，脚踏实地地前进。

"小马过河"的故事告诉我们，小马没有贸然地过河，而是虚心地请教了老牛和松鼠，在客观地分析了老牛和松鼠的两种截然不同的意见后，它没有只听别人的看法，而是亲自下水尝试。所以，尝试很重要，细想一下，其实我们就是伴随着一个又一个尝试长大和认识这个世界的。形势在发展，情况在变化，借鉴别人的经验固然重要，但是无论什么事都必须亲自尝试。不去尝试，永远不会知道自己能做什么；不去尝试，虽然不会失败，但也绝不会享受到成功的喜悦。只有尝试，才有迈向成功的可能。很多人不能取得成功，缺乏的不是才能和机遇，而是缺乏大胆尝试的勇气。

第七节　朝秦暮楚的下场

刚步入职场的年轻人，思维活跃，有想象力，青春洋溢，这种年轻人的朝气让人羡慕。但是浮躁也是许多年轻人一个很大的弱点——容易沉不住气，恨不得一时的付出马上就带来收获。这样浮躁的心理导致他们一次次地失败，最终一事无成。这是因为他们还没有看清楚环境、认清自己。总是朝秦暮楚又怎么能成功呢？

成功的秘诀在于永不改变既定之目标。滴水穿石，在于落下的每一滴水，都是向着同一个方向，落在同一个定点上，它们方向明确，目标专一。如果它们不是这样做，恐怕穿石之功也就无从谈起了。在我们确立目标之前一定要作深入细致的思考，权衡各种利弊，考虑各种内外因素，从众多可选择的目标中确立一个。很多时候，不是我们不能成功，而是我们没有一个专一的目标，要想取得成功，就要有一个明确的目标并执著地追求。

同样，我们在为远大理想奋斗的过程中确立一个目标，然后忠于它，为它而努力奋斗，绝不能见异思迁，这就是成功者的做法。他们明确自己追求的目标，为之付出一切，从不动摇和改变。而多数人恰恰相反，很少有明确的追求目标，即使有，也往往是朝秦暮楚，开始时还能专心致志，一旦小有成绩就开始飘飘然起来，觉得成功没有什么了不起，开始寻找新的刺激，寻找新的目标。朝秦暮楚看似机会很多，但是这样浮躁的心态注定你什么都把握不住，忙来忙去，只落个碌碌无为。

许多年轻人大学毕业之后就轻松找到了工作，不能否认他们是幸运儿。应该说，找到工作也就解决了毕业后的头等大事。找到工作的大学生虽然可以暂时松一口气，可是，也有很大一部分人很难静下心来好好儿地工作，耐心寻找自己的职场定位。一旦遇上点小麻烦，他们就想换个工作，开始抱怨目前的工作“和想象中的工作一点不相符”“简直累死人”“一点没有发展空间”“工资太低，不够用”等，这些都是很表面的理由，他们从来没有进行深入的思考，只是梦想着有更好的工作在等着自己。这样朝秦暮楚是不会有好的发展的，没有正确定位的人不会有真正的成功。

想要拥有更大的发展空间，我们就要认准一个目标，并使自己不断向着锁定的目标前进。尽量在自己最喜欢、最熟悉的领域里努力做好自己最擅长的事情，好好儿把握机会，向目标挺进。朝秦暮楚只会让我们错失良机，一事无成。

有一幅著名的漫画名叫《挖井》，它形象地描述了这样一个故事：有一个年轻人挖井找水，一连挖了四个深浅不一的坑都没有出水，正要挖第五口“井”。漫画到这里就结束了，可能他还会挖第六个、第七个……画面下的文字是这样的：这下面没有水，再换个地方挖。这反映了他的心思。然而，原来那些“井”再挖深一些，就会有丰富的水源了，可是他并没有坚持下去。他幻想着眼前的井挖不出水来，换个地方一定行，可是他频繁地换地方就是没能在一个地方坚持挖下去，最终也没有得到水。朝秦暮楚的思想坚决不能要，要想找到成功之源，除了准确定位外，还要目标专一、持之以恒、坚持不懈，浅尝辄止、朝秦暮楚是不会成功的。唯有专一才能获得真正的成功。

在竞争激烈的职场中，有些人做的事情很多，但是没有在任何一个领域里获得成功，这是因为他们朝秦暮楚，想要的太多，没有一样做得精，到头来才什么成就也没有。这类人有个通病，就是：他们经常确立目标，经常变换目标。要知道，一个人在太多的领域内都付出努力，就难免会分散精力，最终一无所成。所以说，心中设定一个目标，然后坚定地走下去，把所有的精力都集中在这个目标上，这样你每一步才走得踏实，成功也会向你招手。

小赵原来只是一家软件公司的普通职员。从大学刚毕业走进公司的第一天起，他就为自己定了一个目标：两年内成为产品开发部的经理。从那天起，他就盯着这个目标不断地努力，对自己要求非常严格。在公司，他往往要比其他职员多做许多工作，休息时也要参加许多相关的专业培训课程。他就是这样执著于自己的目标，专注的工作态度让他每天都充满了激情。虽然有些累，但劳累过后，看着自己的优秀业绩，他便体会到了更深的幸福和快乐。

不到一年，小赵的努力已有成效了，他的快速进步和认真的工作态度得到了领导的赏识，他被提拔到了主管的岗位。小赵工作起来更加努力了，虽然为此牺牲了许多娱乐和休闲的时间。他专注于自己的目标，当看见目标即将实现时，他感觉工作的劳累其实是一种享受。小赵的工作能力和工作业绩不断得到公司的肯定，在当上主管后不到半年的时间，他又被提拔为部门经理，成了公司里晋升最快、年纪最轻的品牌经理。

正是因为小赵设立了清晰的目标，并为自己的目标努力奋斗着，没有朝秦暮楚，所以最终他达到了自己的目标，同时也超越了自己。成功在于专注的态度，一个人要想在某个领域真正做出优秀的成绩来，靠一时的小聪明是做不到的。有的人由于自己的聪明和机遇可能会做出一定的成绩，但那绝不是最终的辉煌。一个人要想在自己所选择的领域里创造出辉煌的业绩，没有几十年甚至毕生的努力很难实现。如果我们要走向成功，就不能朝秦暮楚，必须要有一个明确的目标，然后为之努力，方能取得效果。

今天的职场里，每个人都追求成功，但是，有的人成功了，有的人却以失败而告终，这是为什么呢？很简单，就是因为成功者自始至终忠诚于自己的目标，而失败者却是在追求过程中不断地变换自己的目标，甚至没有一个明确的目标。在生活中、工作中，不管你是否犯过朝秦暮楚的错误，只要你现在安下心来，认定一个正确的目标，专一而不懈地努力，你就一定会获得成功。无论是任何人，做任何事，只要有一个专一的目标，具有坚持不懈、决不放弃的心态，就会有成功的那一天。

第八节　给自己一个评语

大多数刚刚进入职场的人，对职场和自我的看法不成熟、不稳定，他们比别人更容易激动，更容易孤独，也更容易自卑，所以在这个时候学会认识、分析自己，正确地评价自己，就显得尤为重要。很多时候，我们发现对自己的现状——现实的我是不满意的，往往会“幻想”一个更让自己满意的“我”——理想的我。在两者之间，有的是可以通过努力来实现的，有的却需要自己心平气和地接受。人生最可怕的事情莫过于不能正确看待自己，而一个人要想成功，就必须正确认识和评价自己，包括自己的优点、缺点、能力、气质、性格和兴趣等。

如果能对自己有一个正确的评价，对自己的能力有充分的了解，做起事来还有什么不能成功的呢？给自己一个合适的评语，就是给自己一个正确的定位。那么如何给自己下一个评语呢？有位作家说得好：自己把自己说服了，是一种理智的胜利；自己被自己感动了，是一种心灵的升华；自己把自己征服了，是一种人生的成熟。说服了、感动了、征服了自己的人，就有力量征服一切挫折、痛苦和不幸，就有信心把握好自己的方向。

我们可以经常对自己的心理、行为进行分析，使自我评价逐步接近客观实际。同时要学会从别人的眼中看自己，人人都会通过同伴对自己的评价来认识自己，当然他人的评价比自己的主观认识具有更大的客观性。如果自我评价与周围人给你的评语很接近，则表明你的自我认识能力较好、较成熟；如果客观评价与你自己的评价相差过大，则表明你需要作一些调整，可能你并不了解自己，或是你的表现和真实的你之间有偏差。对待别人的评价，也要有认知上的完整性，不可以因为自己的心理需要而只注意某一方面的评价，应全面听取、综合分析，恰如其分地对自己作出评价和调节，从而合理地定位。

一名电子信息学院的大学生，成绩不错，英语口语也非常好，自己也非常努力，年年获得学校特等奖学金。他想去电信公司工作，这符合他学的专业，但由于学历不够，无法跨进电信公司的"门槛"。由于家庭原因，他希望早点工作，帮助家庭分担困难。情急之下他找到了他的就业指导老师，老师帮他分析他的现状："我认为既然电子信息类的工作对学历要求比较高，你可以重新给自己定位。你英语好，尤其是口语不错，这是你的优势，你又是一个性格开朗的人，所以去外企做市场工作可能比枯燥的电子行业更适合你。"这位同学回家后仔细分析了自己的性格特点以及自己的专长，觉得老师的话很有道理，自己学的是电子信息专业，而且擅长英语，这是自己的优势，必须充分利用，如果选择一家电子行业的外企做市场工作的话，就能充分把自己的英语优势和所学专业结合起来。于是他按照这个方向努力。不久，他去了某著名跨国电子集团做了市场助理，这个职位对他来说再适合不过了，因此他工作起来游刃有余。可见给自己一个准确的评价、中肯的评语有多重要，它能帮助我们认识自己擅长什么，特点是什么，短处在哪里，如何扬长避短。

德国唯物主义哲学家费尔巴哈说过："谁能够正确地认识自我，他也就在心中点燃了一盏光芒普照的明灯。"一个人只有对自己作出实事求是的评价，才能形成正确的自我观念，从而做到自尊、自爱、自信、自强，并保持一种乐观进取、积极向上的健康心态。客观地认识自己当然是困难的，然而作为一个想做一番事业的人，对自己有一个正确的认识，难道不应当是一个起码的要求吗？在工作中，有不少人不知道自己的能力到底有多大，要么夸大，要么贬低，做事情总是不能成功。而有的人之所以成功，是因为他们既不夸大、也不贬低自己的能力，认定一个相对可靠的目标，实事求是地量力而行。

小张是一个不太自信的年轻人。尽管他已经大学毕业，并找到了一份还算体面的工作，但他还是觉得周围的人都比自己强。他出生在一个偏僻的小山村，家境十分贫困，靠着救济金才读完了从小学到大学的课程，而他的同学、朋友个个都比他家庭条件好。他总觉得自己的各个方面没有一个能优于别人，自己是一个没有自信也没什么才能的人。由于他的自我评价是什么都不如别人，所以自卑的他到了30多岁还不敢谈女朋友，总担心女孩子瞧不起他，也觉得自己配不上那些时尚、骄傲的女孩子。他经常责备自己是个懦夫，对自己的言谈举止、思考问题的方式和观点总感到十分不满，但又没有改变的勇气，总是觉得自己低人一等。总之，小张一直生活在苦恼之中。

虽然小张给自己的评语是“什么都不如别人”，是“懦夫”，但他的同事们却认为他是优秀的。其实他的确是一个很优秀的年轻人，工作踏实认真，思考问题全面，思维敏捷，人很谦虚。同事们和领导都很喜欢他。一次意外的谈话中，小张了解到了同事们眼中的自己，以前他并没有认识到自己身上的这些优点，因为他对自己的认识总是停留在自己是个贫穷的山里小伙子上，结果不仅给他的心理造成了困惑，更影响到了他的工作和生活。这些都源于他没有形成客观的自我评价，没有给自己一个正确的评语。从那时起，小张给自己的评语是：我是个有能力实现自己理想的人，我要充分发挥自己的优势实现它。于是他找回了自信，抬起头沿着成功之路大步向前走。

每个人都应该是自己命运的主宰，做自己人生的导航员。没有谁比你自己更能决定你的命运。给自己一个正确的评语有助于我们做自己适合做的事。人在生活中有成功也有失败。倘若一个人失败的次数多了，就容易把自己想得一无是处。其实多次经历失败的人身上都存在着长处，可能你的失败只是暂时的，可能你没有找到那条适合自己的路，但并不是永远找不到，在找到正确的道路以前一定会在失败的路上进行摸索，然后才能看见正确的路标在何方。如果你只盯着失败，那么你就会把自己定义为一个失败的人，忽略了自己的长处，你的失败可能是永久的。所以在给出自己评语时一定要小心谨慎、全面考虑，正确的评语可帮助我们定位人生，而错误的、偏离实际的评语会打击我们的信心。

人生最大的挑战就是自己。不能客观地评价自己、给自己一个正确的评语，是人生道路上一堵阻隔成功的墙。一个人如果不能正确地认识自己，给自己一个客观公正的评价，那么他的人生道路一定会弯弯曲曲，而且不知道何去何从，甚至会经常迷路。一个人的发展在某种程度上取决于自己对自己的评价，你在心中把自己定位成什么就是什么。所以说，给自己一个正确的评语，从而实现自我发展、自我完善，这才是通往成功之路的关键。

第九节　倾听自己内心的需求

一个人要想获得成功，就要遵循自己内心的需求，找准自己的方向，要相信自己。世间的道理没有任何规矩可言，没有成套的、既定的说法。也许某种既定的说法是对的，但未必适合你，一定要倾听自己内心的声音。在喧嚣热闹的环境中受太多因素影响，我们很容易迷失自己。其实，一个人无论他身在何处，永远能够倾听到的首先是他内心的声音，首先应该听从的也是这种声音，这才是成功者最有力、最可依赖的根本。

人作为一种生命个体，在不同时期有着不同需求。工作与创造的愿望是在巨大社会压力之下形成并被无限放大的。也就是说，我们必须承认这并不是我们内心深处唯一的愿望。很多时候我们都自认为很了解自己，忙碌中无暇倾听自己内心的声音，殊不知最容易被欺骗的恰恰是自己。我们总善于为自己编织很多自欺欺人的借口，披上很多自我保护的外衣，结果一阵纷乱之后被打倒的竟是自己。此时我们需要发现自己内心所指向的真正方向。

被称为“英语专业户”“英语疯子”的陈春辉，在一开始接触英语的时候就为之着迷，他渴望记住每一个单词，弄清每一条语法，背下每一篇文章，英语成绩自然也遥遥领先于其他同学，英语也为他带来更多自信。他当时并没有感觉到英语就是自己心中真正想要的，甚至是自己未来所从事的职业。有一次，他在书店乱逛，只见那些枯燥、单调的英语辅导书在眼前晃来晃去。他正要失望地离开书店时，随手翻开一本英语杂志，内容是英汉双译的，双色纸使文字看起来很有活力，里面的诗歌、散文、新闻、歌曲、电影像是一个个新朋友在向他热情地招手，这种情景再次点燃了他对英语的好奇和热情。他清楚地记得，当他回到家塞上耳机时，悠扬的背景音乐和富有感情的语音语调让他深深地爱上了英语。这时，他恍然大悟，自己对英语的喜爱不仅是为了考试成绩，而是自己内心最需要的。

遵从着自己内心的召唤，陈春辉在大学时代就开始参加各种英语演讲比赛，虽然历程艰辛，但他没有放弃，不断地尝试，最后在全国大学生英语演讲赛和辩论赛中代表山东队取得银牌。在回忆那时的情景时他说："当我站在领奖台上，戴上全国英语教育专家杨治中教授颁发的奖牌时，曾经艰苦训练的日日夜夜再次浮现在我眼前，一路走来，自己收获了很多，成熟了很多，但这一切都是我发自内心想这么做的，所以我的辛苦和努力都是快乐的，也是值得的。"

善于倾听自己内心的声音，是成功定位的一个前提。人不是机器，会产生多种愿望，发出多种声音，而很多声音可能是微弱的、转瞬即逝的声音。一些由于工作过劳而导致焦虑的人士，则可能忽略了这些声音，或者是粗暴对待这些声音，最后导致冷漠、沮丧，对工作毫无兴趣。其实职场生涯充满浮浮沉沉是再正常不过了，在社会的洪流中为名利权力而追逐，表面的光鲜与浮华掩盖不了有时来自内心的那一份孤寂与迷茫。所以要学会从浮沉中走出来，给自己一个独处的空间与自由，与自己的灵魂对话，倾听来自内心深处的声音，让浮躁繁杂的内心得到平静，沉淀出属于自己的纯粹，这样方能知道自己真正需要什么，在迷茫中找到方向。

真正聪明的人总是清楚地知道自己想要什么，因为他知道自己是谁，从哪里来，要到哪里去。李开复就是这样的人，他总是把"选择的权利"掌握在自己的手中。在他五岁的时候，他厌倦了幼儿园单调和没有什么内容的学习。有一天，他问妈妈可不可以直接上小学？最终，他的名字出现在一年级的招生名单上。而在那之后，李开复一直是自己掌握主动选择的机会。在哥伦比亚大学，他放弃学了一年多的法律专业而转投计算机系，他知道自己内心更喜欢计算机专业。大学毕业后，他在卡内基·梅隆大学任教，但是他觉得这个职业不是他内心渴望的，即使勉强坚持着也不能在工作中得到快乐，于是他毅然决然地选择离开卡内基·梅隆大学，到苹果公司去从事自己热爱的计算机事业。在以后的职业生涯中，他总是遵从自己内心的召唤，慢慢找那个更适合自己的天地。从苹果公司到SGI公司，从SGI公司到微软公司，从微软公司再到Google公司，他从未间断过主动选择，而这些选择不是盲目的，是从自己的内心出发，经过深思熟虑的。2009年，他选择离开Google公司，他用苹果公司创始人乔布斯的名言作为结束语："最重要的，是拥有跟随内心与直觉的勇气，你的内心与直觉多少已经知道你真正想要成为什么样的人。任何其他事物都是次要的。"这一路走来，他的奋斗是幸福快乐的，因为他在听从内心真正的召唤。

许多人都在为如何进行职业规划而四处问询，看得出来，他们正对此进行着认真的思考。但事实上，别人的建议终归只是一种参考，问题关键不在于答案本身，而在于要知道自己的心在哪里跳动。也许目前你是弱小的，内心对某些事情感到很恐惧、很不安，没有信心，你会听到别人对你的评论和批评，但你必须告诉自己：对你而言，你自己才是最重要的，相信你自己，一切从自己出发。这样你才能不断设计出一条适合你自己的道路。

具有"现代舞之母"之称的伊莎多拉·邓肯，其舞蹈生涯虽跌宕起伏，但绚烂多姿。小时候，她被送到名师那里去学习每个女孩都渴望学习的芭蕾舞，因为芭蕾舞是那么高雅、优美，翩翩的舞姿让人们着迷。但是邓肯只上了几节课就厌倦了，她厌恶芭蕾舞的程式化，厌恶那种约束人的舞鞋和束身衣。这和她自己内心对舞蹈的认识完全不同，她觉得舞蹈一定要表现人类的精神与灵魂。

于是，她彻底抛弃了传统的舞鞋和舞衣，改穿宽松裙袍或透明纱衣，赤着双足，自由摆动，自由起舞。她的观点惊世骇俗，她跳舞的方式更是惊世骇俗。当时的舞蹈界并没有接受她的表演方式，人们视其为异类。为给自己的舞蹈争得一席之地，她百折不挠，经历无数的坎坷波折，依然听从内心的声音，依然跨大步伐，跳前跳后，跳起跳落，高仰着头，挥动臂膀。听从内心的声音，给了她异乎寻常的生存勇气，终于使她的舞蹈大放异彩，轰动世界，她以振奋人心、难以超越的舞蹈思想和舞蹈动作，影响了世界舞蹈的发展进程。

我们每个人的内心都埋藏了无限潜能，这种力量本来就蕴涵于我们身体中，或者说，是我们容易遗忘的能量。潜能不会自动显现，就像泉水没有压力不会喷出地表，你必须有意识地唤醒并激发它。而在激发潜能之前，你必须听到内心的声音，遵循它的引导，只有这样，潜能才会有流动的空间。

其实在漫长的一生中，你总会有怦然心动的一刻，这个具有决定意义的瞬间不会无缘无故来找你，如果它蓦然降临在你面前，你要相信自己就是它一直在寻找的人，千万别错过。也正是从这一刻起，你的心绪被一种难言的力量所牵引，虽然那时的你还无法确切知道未来到底会走上什么路，但你要有一种直觉，只要有一线机会，你一定会有不一样的人生。

第2章

有规划的人生才精彩

第一节 面对选择，心中清明

漫漫人生，命运应该掌握在自己手中。作为一个生存于大千世界的人，必须面对许多的事或物，又常常需要从中作出一些选择。人生只有一件事不能选择——就是自己的出身，其他一切都是自己选择的结果。选择得当，前路一帆风顺；选择不当，旅途磕磕绊绊，甚至会把你搞得灰头土脸，于是便生出“悔不当初”的感慨。要作好人生的规划，选择尤其重要，当我们面对各种选择时要做到心中清明，要清楚自己的选择。

法国20世纪最重要的哲学家萨特说过一句富于哲理的话，他说：“人有选择的自由，但是人没有不选择的自由。”这位大师的话道出了这样一个真理：人生处处有选择。我们每天都面对各种各样的选择，当我们面对一件事情、一种生活状态、一种职业时，我们可以作出不同的选择，不同的选择使我们的生命走向不同的方向，从此产生不同的命运和结局。

有这样一则寓言：一头饥肠辘辘的毛驴一直叫，想要吃草。这时它发现自己的左右两边各放一堆青草，毛驴高兴坏了，但同时它也困惑了，要先吃哪一堆呢？毛驴犹豫不决，它刚要吃左边的草，可是想右边的草一定更好吃，于是它又走到右边，刚要下口觉得左边的可能更新鲜。就这样，毛驴一直犹豫自己的选择，最后在来来回回中饿死了。生活中很多人都会犯这样的错误，面对选择时，心里并不知道自己想要什么。今天有一个想法，作这样的选择，明天又有了新的想法，选择就跟着改变。其实人生中可以选择的机会是有限的，面对选择我们首先要做到头脑清醒，心里清楚这样的选择意味着什么，选择以后形势将会怎样。

虽然我们不能选择发生在自己身上的事情，却可以选择用什么态度来回应。我们能够在困苦中求生存，能够克服障碍，是因为我们都有自由意志，有选择的自由与权利，因此我们能安然面对逆境，战胜逆境。一个在职场中获得成功的人一定是个聪明的人，一个聪明的人一定是善于选择的人。在作选择的同时也意味着许多东西应该放弃，这样更有利于你朝着自己选择的路勇往直前地走下去。就像林肯说的那样："所谓聪明的人，就在于他知道什么是选择。"不论是工作还是生活，我们发现许多人这一生碌碌无为，就是因为他们面对选择时舍不得放弃其他机会，面对不同的机会时不知道如何选择，就在这犹犹豫豫中虚度自己的一生。

小李毕业于工商管理专业，他性格比较内向，平时不爱说话，也不太善于交际。他毕业后在一家金融公司实习过将近一年，主要工作是写些企业制度、方案等，这类工作也是比较适合他的性格和所学的专业的，所以他的工作一直很顺心。可是后来公司经营出现了问题，效益下滑。没办法，他换了一家培训公司做销售，小李对这样的选择有自己的想法，就是想通过在培训公司做销售，改变自己的性格，以后找到一家公司做人力资源管理，尤其是培训方面。

做了大概一年多的销售工作后，他的收入较过去多了许多，所以他现在不知道自己应该是直接去做人事，还是继续做销售？做销售的收入比较可观，而且职业规划期比较短，短时间内就能得到职业晋升。但销售似乎不是适合自己的职业，他不太喜欢整天与人打交道、应酬。他是那种很平淡、没有强烈欲望的人，喜欢安静地工作，按自己的计划做事。所以小李不知道如何作出正确的选择。

于是小李向一位职业规划师求助，规划师给他的建议是："不同的选择会把我们带向不同的路途，带向不同的终点。在作选择之前，问问自己的内心，我要的是什么？尽量让头脑保持清醒，对于每一种选择可能带来的结果是什么，要做到心中有数。问问自己，这两种结果哪一种是自己愿意接受的，哪一种是不愿意接受的，甚至会让自己感到难过的。"其实小李还是比较喜欢人力资源的，想把人力资源做精了，几年后成为这方面的专家。其实他已经清楚自己想要的是什么，只要坚持走下去就一定能完成自己的职业规划。最后，规划师提醒小李："如果你真想要从事人力资源工作，而且能够遇到精通于此的上级和同事，同时又能提升自己从事人力资源工作的能力和水平，那么你也可以选择去从事这样的工作，而收入也会随着你的经历和能力的提升而不断提升，所以合适的机会和合适的企业是你要着重考虑的。"

许多年轻人充满激情，但往往徘徊于抉择的岔路口，时间从身边匆匆流过时，没有坚持自己的选择，而面对机会时，将失败的缘由归结于天时地利人和的不协调。选择了一条道路，也就选择了一种生活。如同无法改变岁月流逝一般，你也无法改变选择的初衷，所以，只要有坚定的生活信念，并企盼这一选择有美好的结果，无论所选之路上是鲜花还是荆棘，就一定要坚定地走下去。

面临选择时，无论选项多少，人总是很容易迷茫，总想着还有更好的选择。尽管认真地选择并不能保证结果如愿，然而我们仍应面对自己的选择，这不仅是对自己努力的肯定，更是对自己信心的肯定。人人都会面对各种痛苦的抉择，就如同掉到河里一样，除了游上岸不至于淹死外，别无生路。如果作出了选择，想一想在面对结果的时候，自己会不会后悔没有选择另外一个。如果不会后悔，那么你的选择就是正确的；如果可能后悔或者感到遗憾，那么你的选择就是错误的。

面对生活、事业的一次次选择，我们的角色也在一次次变化。做好人生的选择题不是那么容易的，大多数人在做人生的选择题时经常是晕头转向的，所以在面对选择的时候，要心中清明，经得起诱惑，只有不被诱惑，才看得准答案，不至于掉进陷阱。更要敢于取舍，一旦认准了答案，便果断地作出选择。

面对一个又一个选择，关键在于自己。犹如徘徊在人生的十字路口，远远望去四处都是美丽的风景，然而不同的景致一定会演绎出不同的结果。清醒地坚持自己的选择，为自己的选择义无反顾地努力，你一定会奏出华美的乐章。

第二节　赚钱行业未必适合你

当我们在择业时，首先要思考的问题是："什么行业最适合自己？"这也是有远大抱负的人一直在思考的问题。许多成功的人就是选择了适合自己的行业，最终在这个行业里绽放光芒的，但这个行业最初未必是最赚钱或最流行的行业。赚更多的钱和从事适合自己的行业，哪个对自己的职场生涯更重要？其实赚钱只是实现人生理想的一个手段，而不是人生最终的目的，赚钱的最终目的也是为了能够实现自己的人生理想。试想，一个人赚钱虽多，但如果不能实现自己的人生理想，那么钱多对他又有什么意义呢？

现在有些人在作行业选择时存在误区，一门心思地奔着那些看起来赚钱的行业努力，从来没想过这个行业是否适合自己。有的人进了看起来光鲜的行业，或是进了国企，进了政府机关，但没有得到太大发展，一直非常矛盾，想离开又不愿失去既得利益，转换成本又越来越大，勉强得来一官半职也很没意思。如果一个人始终处在矛盾当中，那么他的激情就会在无聊的事务中慢慢消磨。因为他们只能从事看起来体面、赚钱多的行业，但事实上这个行业并不适合自己，所以他们一直找不到自己的立足点。俗话说："三百六十行，行行出状元。"只要那个行业适合你，加上你勤于学习，善于思考，对自己所处的职场有正确的认识和准确的定位，持之以恒地去做，踏踏实实地去做，成功就会离你不远，赚钱也不再困难。

小张是一个农村孩子。高中毕业后，由于家里的经济状况不好，他不得已回家务农了。他家境比较清贫，务了几年农后，他想自己做点生意。那时周围许多人都做保健品生意，他家有个有钱的亲戚也一头扎进热火朝天的保健品市场，同时还劝小张也做保健品生意，一定能赚钱。小张并没有盲目跟风，他决定考察一下市场，选择一个适合自己的行业。他观察、了解后认为，做豆腐本钱少、市场大，于是就借了几百元钱当本钱做了起豆腐生意。他坚信小产品成就大事业，小产品也能赚大钱。

刚开始，他做的豆腐口味、外观都不好，生意并不是很理想。但他没有气馁，善于向同行学习，善于倾听别人的意见，再加上足斤足两、服务周到、说话和气，没多久，他做的豆腐在十里八乡就有了名气。一年的时间就赚了三万多元。后来，他又增添了设备，扩大了规模，不但做豆腐，还做豆腐皮、豆腐干、冻豆腐、熏豆腐等，品种多达十几个。附近的二十多个集贸市场都有他的豆腐专业摊位。同时，他还将加工豆腐产品剩下的豆腐渣，做成饲料出售和用来养猪，每年仅养猪一项就收入几十万元。现在，他成立了豆制品公司并连锁经营，有的连锁店已开到了别的地市，在外省还有几家。除此之外，他还成立了豆制品加工机械厂，制造豆腐、豆皮、豆浆等产品的加工机械设备，十分畅销。几年的时间过去了，他现在买了高档住房，有了自己的高档轿车，拥有了上百万元的资产。

而小张家那个从事保健品生意的亲戚，虽然投入大量的资金，然而对产品上市策略、渠道建设、终端设计、人员管理、招商政策和技巧等方面的知识一窍不通，激烈的市场竞争给他当头一棒，几千万元的资金投进去了，产品的销售状况惨淡。情急之下，他把房子、车子都卖了，大量资金都用来给产品做广告，但是广告投放了数月后经营状况依然没有起色，自己也欠了许多钱，无奈之下他只有跑到其他地方去躲债。

在作职业选择时，我们会遇到各种诱惑，尤其是人人都有发财梦，但是只有选择适合自己的行业才能真正变富有，所以在面对那些看似短期就能见收益的行业，我们的选择一定要慎重。在作职业规划时，我们经常思考的问题应该是“什么行业才是最合适自己的”，而不是“做什么项目最赚钱”。不要看见别人从事某项工作或是某个行业赚了钱，自己脑袋一热就做起发财梦。有些赚钱的行业不一定适合自己，因为不同的行业都有自己的一套规则和规律。贸然进入不熟悉的行业，就如同进入一个黑暗的房子，不知东西南北，失去了方向，这会影响你的职业生涯。

当然，倘若你认准了某个职业前景无限，一定要有耐力，否则机会稍纵即逝。但是在我们没有足够的实力以前，就只有踏踏实实做我们能做的事情，做适合我们的事，把基础打好了以后才能做大事，职场中需要的是一步一个脚印，这样才能实现更远大的目标，这是现实生活对我们的要求。如果不能一步达到，就需要分两步，甚至多步走。成功决不是一步登天。

小李大学毕业后先在一家国有企业工作，待遇还算不错。当时，房地产行业较热，许多人纷纷投身于此，小李也辞去了工作，加入到这股热流里。他利用父亲的一些关系开始了房地产生意，不久后，就拥有了百万元资产。但是小李性格内向，不善交际，当他撇开父亲的关系自己做生意时问题就来了，许多事情他自己处理不了，经营管理上也有许多漏洞，而且许多交际的场合他也应付不来，公司业绩开始下滑。小李渐渐感到房地产行业并不适合自己，至少不适合目前的自己，于是他决定暂停房地产事业，去一家房地产公司打工，学习经验，锻炼自己，为今后的成功打下坚实的基础。小李终于明白，选择行业要量体裁衣，有多大能力，就做多大的事情。适合自己的工作才能让自己得到真正的进步，盲目的选择容易遭遇滑铁卢。

谁不想成为世界首富？谁不想拥有几亿元、几十亿元的大生意？谁不想自己的一生名利双收？奔着发大财的梦想而去的人们要注意，有些职业虽然赚钱，但不一定适合你。你需要具备这些素质：对自己有强烈的信心，对市场动态有着灵敏的嗅觉，有一双火眼金睛，能够及时发现并把握新的机会。另外，你还要做好克服种种困难的心理准备。

在职业之路上，我们经常需要在“想做的事情”和“能做的事情”之间寻找平衡，这也是我们常说的“干一行，爱一行”和“爱一行，干一行”。很多时候，我们没有条件去做自己想做的事情，而只能先做着我们能做的工作，然后在这个前提下，不断地学习、实战、积累，这是一种明智的做法，因为只有这样，我们才能迎来可以去做“想做的事情”的那一天，并且还能够继续承担起相应的经济责任。你适合哪个行业，你就是哪个行业的人才。我们可以有远大的志向，但路还是要从脚下走，在面临行业选择时，一定要调整好心态，可以先给自己一个较低的起点，然后再考虑怎样找到一个更高的起点。我们当然应该去追求更好的工作，更好的职业发展，可是也要着眼于实际，一步一步地前进，不要奢望一下子就做到人人仰慕的结果。

第三节　做真正喜欢的事才快乐

一个人只有做自己喜欢做的事情才能真正发挥出自己最大的潜能，只有热爱自己的工作才能在平凡的岗位做出不平凡的事情，所以选择工作之前一定要问自己：这到底是不是自己所喜欢的，自己的兴奋点在哪？只有找到自己的兴奋点，才能尽最大的努力做到极致。一个人如果能够从事自己喜爱的职业，自然会迸发出无穷的动力与创造力。不管最后他的成就如何，他都一定是快乐的。

真正的生活就是全心全意做你喜爱的事。找到自己最想做的事，是成功规划自己人生的关键所在，因为一个人最喜欢做的事当然就会成为他最能干的事，这样他就能够每天都精神饱满地去学习与实践。所以想在职场上有一番作为，就需要抽时间去学习你喜欢、爱好的行业知识，打好基础，机会一成熟就可以梦想成真。

李丽是某大型网站的高级程序员，她年轻漂亮，收入颇丰。在公司里，她专业技术过硬，工作态度积极认真，很受领导的赏识，公司许多大型项目都由她负责，年轻有为的她职场前景不可限量。在外人看来，李丽可谓是春风得意，收入可观，职业前卫，生活事业一片光明，理应自信快乐才是。然而，她的内心深处其实早已厌倦了这份工作，日复一日的电脑操作使她感到单调机械，毫无兴趣可言。其实李丽自小酷爱文学，在当地也以才女而出名，理想是当一名作家、文学家，像巴尔扎克、托尔斯泰那样。考大学时她的理想专业是中文，但是父母出于将来就业的考虑反对她学中文，希望她能选择计算机专业。父母的态度很坚决，没办法，李丽只好顺从父母的意思。

现在的李丽虽然有高额的收入，能让自己的生活有保障，能为暂不富裕的家庭提供资助，但从个人爱好的角度来说，李丽对于目前的工作是一百个不愿意，她现在只要一上班就感到很痛苦，整个心情就会沉重起来，就连昔日觉得很美好的东西现在感觉一点意思也没有了。这份不喜欢的工作，让她感到很痛苦，这种状态让她很压抑。反复思考后，李丽决定放弃这份高薪的工作，去做自己真正喜欢的事，只有这样才能感到快乐，工作才有意义。

每个人都可以去做自己喜欢做的事情，甚至可以说，有责任去做真正喜欢的事情。这就好像一个园丁，他仅仅因为喜欢而开辟了一块自己的园地，在其中培育了许多美丽的花草，为它们倾注了自己的心血。当他在自己的园地上耕作时，心里非常踏实。相反，那种做事全凭功利心、没有自己真正喜欢做的事情的人是最可怜的，不管多高的职位，多丰厚的薪金，其本质上始终是空虚的。

很多人为了得到别人的承认和夸奖而做着各种事情，于是根本不喜欢的事情，也不得不努力地、辛苦地去做。他们感受不到工作的快乐，因为他们一直做着不得不做的事，而不去做喜欢的事。

一个人活在世上，必须有自己真正喜欢做的事情，才会活得有意思。我们做一件事情，只有因为我们喜欢，能被事情本身的魅力所吸引，这才是有价值、有意义的。人最重要的事情是知道自己该做什么，然后才知道该怎样去做，并付诸行动把它做到最好。知道自己该做什么，不该做什么，首要的一件事是你要有真正所爱的东西，只有爱，才是成功最好的动力、最合适的动力。你一旦发现真正爱做的事，你就是一个自由的人了，然后你心中所有的迷茫、困惑、彷徨和恐惧都将一无例外地烟消云散，剩下的将只是喜悦、兴奋、感恩和充满能量。

小张毕业以后，被分到政府机关做理论干事，这份工作让许多人都很羡慕，大家都认为这份工作稳定、体面，收入也不错。但小张并不喜欢这份工作，每天他所需要做的就是给公社干部读报纸，解读上级指示。他觉得这些差事和自己喜欢的音乐风马牛不相及。虽然在那样的环境中自己过得安稳舒适，自己也擅长处理各类关系，很得领导重视，但是这并不是自己最理想的职业。工作了一段时间以后，他觉得自己越来越不开心了。与其这样不快乐地混日子，还不如重新给自己的职业生涯作规划，做自己真正喜欢的事。于是小张辞去了政府工作，和朋友组起了乐团，周围的人对小张此举非常不理解："为什么要放弃这么稳定的工作去做什么明星梦，搞乐团，真是不务正业。"但是小张执著于自己喜欢的事，虽然过程艰苦，但经过他和搭档的共同努力，他的乐团现在在业内已经是小有名气了，就在前不久还发行了第一张专辑，他们越来越成熟的表演受到越来越多观众的喜爱。小张觉得现在的工作才是自己喜欢的，现在的生活状态才是自己满意的。

的确，要想工作得快乐，就要做自己喜欢的事。如果一个人总在做自己不喜欢的事情，那么他很难获得真正的成就感，因为这意味着他无法按照内心的渴望做事，内外相斥的气氛使他总是处在左右为难的心灵状态。谁都知道这种状态是有害的，可是能超然其外、成功突破重围的人极少。所以，每个人都应该去做自己喜欢做的事情，选择自己真正想要走的路，不要在乎别人的看法，别人永远都是旁观者。选你所爱，爱你所选，你应当尽全力保护自己的梦想，那些嘲笑你梦想的人，只是想把你变成和他们一样而已。

如果说你目前并没有从事自己所喜欢的职业，这并不可怕，你还有希望，但是如果你没有自己真正喜爱的事情，那就很糟糕了。要想有所建树，就要勇敢去做自己想做、喜欢做的事。那些平庸之人从来都不敢去做自己喜爱的事，因为他们害怕别人的反应，害怕失去安全感。爱迪生原来天天十几个小时泡在实验室。别人问他："是什么原因使你能那么辛勤地工作？"爱迪生却说："我工作过吗？我从来就没工作过，我只是在做自己喜欢的事情。"这个世界上最让人感到热血沸腾的事情就是全力以赴地去做自己喜欢做的事情，并且把它做到最好。

成功是一个长期努力的过程，如果能找到自己所喜欢的事物，并把它作为职业规划的方向，那么你就会有足够的动力去战胜这一路上的种种困难与艰辛，直到成功的那一刻。很多失败的人，只走了一段路，就轻易放弃，这样是很难获得成功的。请永远在内心深处牢记：如果想获得成功、幸福、美满的职业生涯，就必须尊重自己内心的声音，跟随自己内心的指引，去做自己内心深处最喜欢的事，永远不要因为别人的期望和现实的残酷而放弃了自己喜欢的事。如果内心的声音得不到相应的回应，即使你赢得了整个世界，也不会得到真正的快乐。

第四节　放长线才能钓大鱼

“放长线，钓大鱼”这个典故出自三国时期刘晔，在今天的释义为：做事要从长远打算，虽然不能立刻见效，但将来能得到更大的好处。“目光要放得长远些啊。”许多老辈人都喜欢用这句话来告诫自己的后辈儿孙。的确，目光长远才能有大收获。职业生涯也是一样，放长线才能钓大鱼。在家时，父母教育我们：目光要长远，不要被眼前的小利牵绊住，因小失大；在学校时，老师也常常告诫我们：不必太在意和纠结于眼前的利益，在某些时候，适当地舍弃了一些小的利益，甚至后退一小步，并不是永远的失去和落后，而是类似于起跑时做的下蹲动作，是为了积蓄更多的力量，厚积薄发，奋力一搏。

谁都希望自己的工作轻松、赚得多、离家近，这成为很多职场新人的求职标准，达不到这种标准就宁愿在家待业，或者频繁跳槽。而事实上，这种轻松、赚得多、离家近的工作是一种理想的职业目标，对于职场新人来说，更要树立一种“放长线钓大鱼”的踏实、积极、上进的工作态度。与其悬在半空中左右摇摆，不如先看准自己脚下的这片土地，从基础性工作做起。一旦得到了机会，就要认真把握，努力去做。

李楠是一个目光长远的女孩，从学习到就业，她把自己的生活安排得井井有条。大学毕业那会儿，在找工作的问题上，她就很为自己从长远考虑，她觉得自己刚毕业，成长为一个什么样的人比赚到多少钱更重要。毕业后三年，李楠成了一家小公司的销售经理，当初之所以选择这家公司，是由于面试时这家公司的领导对未来发展蓝图的描绘打动了她，而且这个职位给她的成长空间也是很大的。因此，她并没有计较试用期工资低的问题，果断地决定留在这家公司。

说到“放长线钓大鱼”，首先要找对符合自己的“鱼塘”，让自己从低层次的工作开始做。这并不是说不顾自己的专业和兴趣，随便找一个工作来做，而是要根据自己的要求作一个长远的规划，从基础做起。假如你学计算机专业，职业定位是从事和本专业相关的工作，那你在选择行业时显然不应该到服务业去工作，而是要找一个与计算机有关的工作，单位可以远点，薪资可以低一点，从基础做起，点滴积累，不断提升自己的能力。很多时候，看起来最近的路，其实是最远的；看起来最远的路，其实是最近的。

小杨计算机专业毕业后在一家公司从事计算机编程工作，虽然工资不高，工作繁忙，但是这份工作对刚刚毕业、没有任何经验的小杨来说是最好的锻炼。小杨打算以后自己开一家网络公司，现在他必须好好学习经验，为将来作准备。

几年的学习和实践后，小杨终于有了自己的一家小型网络公司。他深知经营公司眼光一定要长远，因此在与客户合作的过程中，他诚信重德，从不过分计较眼前的一些利益得失，哪怕吃点小亏都无所谓。他认为现在即使做一两桩亏本生意，日后也会再将利润赚回来。对于与自己长期合作的那些大公司的重要人物，他常施以小恩小惠，对年轻的职员也殷勤款待。小杨的做法并非无的放矢。他总是想方设法将合作公司内各员工的学历、人际关系、工作能力和业绩作一次全面的调查和了解，认为这个人大有可为，以后会成为该公司的重要人物时，小杨就会和这个人保持良好的关系。这样做的目的是为日后获得更多的利益作准备。小杨懂得放长线的道理，懂得无论做什么生意，目光都不能过于短浅。

因此，在生意竞争十分激烈的时期，许多网络公司都倒闭了，而小杨的公司却仍旧生意兴隆，原因就在于他平常积累的关系多，投资项目眼光长远。正是因为他有长远眼光，长期进行有目标的人际关系投资，经营公司懂得放长线钓大鱼，所以路才会越走越长远，越走越宽阔。

高手为何是高手？因为他们谋篇布局几个子，就能够改变几十年的命运。就算没有这样的能力，那你也要有这样的眼力，因为这是关系终身的事情，绝对不可马虎。有些人做事情前喜欢作计划，这当然没错。但很多人只是作了眼前的计划，却忘记了长远规划。在职场中，你作决定时需要有长期和短期两方面的考虑。人的职场生涯大概三十到四十年。如果我们在作重大决定时只考虑一年甚至几个月的事情，显然目光太过于短浅了。

老赵现在一家保险公司工作，上大学时学的是机械磨具设计专业。毕业后，老赵先留校当了老师，后来又做过一些技术方面的咨询工作，去年又投身于保险行业。他性格开朗，为人热情，喜欢挑战，想问题比较透彻长远，所以这份保险工作很适合他。他自己也说："选择工作一定要从长远考虑，虽然我当初学的是机械磨具设计专业，后来留校，再后来又做技术咨询，但经过认真分析，我认为这两类工作都不适合自己，虽然工作环境好，舒适安逸，但从长远来看，做一些具有挑战性的工作更有利于实现自己的价值。"老赵坚信在保险行业努力下去一定能打造出一番天地。就这样，几年后，他的事业取得了很大的成绩，别人业绩下降，而他却能超额完成任务。老赵认为成功的秘诀就是放长线，尤其是在保险行业，他说："虽然现在某些客户由于经济问题不会买保险或者只是买几百元的保险，但如果能保持好关系，取得客户的信任，说不定两三年后客户升职了，甚至成了某集团总裁，就能拿到大单子了。这需要具备长远的眼光，你周围的人都可能是潜在的客户，只有眼光长远才能培养未来客户。"他在小区中供大家休闲娱乐的地方作问卷调查，40个被调查人后来有10个成了他的客户。收到问卷调查后，他会向填写问卷调查的人逐一表示感谢，平时有空就问候问候，这样大家有保险需求时自然就想到他了。

在职业发展的过程中，职业的长远规划是非常重要的，有了正确的、合适的规划，你的努力才有价值，你的职业发展之路才会顺畅。所以，选择职业切勿急功近利，在争取到眼前利益的同时一定要兼顾长远利益，避免"捡了芝麻，丢了西瓜"的悲剧。

职场中，大多数人容易人穷志短，为了工资而受制于人，迫于生计，很多时候只能妥协，这一妥协又埋没了自己的才华，错过了发展的机会，最后只好随波逐流混下去。如果你不懂得为自己作一个长远的规划，那么你可能确实会得到眼前的一点好处，但却离你的职场目标越来越远。作好自己的长远规划，找准自己的角色定位，抗拒短期诱惑，明确自己的目标，这是最实际不过的职场生涯法则。

第五节　知识是人生规划的基石

知识可以改变人生。的确，知识是我们前行道路上的照明灯，是雨中的保护伞，是我们饥饿时的粮食。多一些知识就让我们多了一份力量，让我们的心不再干涸、荒芜，也让我们的职场道路充满绿色，生机盎然。在现代职场，只要你仔细观察就会发现，那些迟迟不能进步的员工、始终无所建树的人，都是对自己的职业生涯没什么规划的人。在这些人中，有许多人不是不想规划，而是不知道如何规划，缺少必要的知识让他们对职业规划无从下手。

在知识经济时代的今天，知识的高度应用、知识资源的高度共享让我们终于明白了知识就是力量，知识能推动社会的发展和进步，而机遇是留给那些随时准备着的人。只有那些不断学习、始终保持进步状态的人，才能用知识扭转局面，取得成绩。现代社会的竞争规则是强者胜，现代企业的用人标准是能者上。因此，我们只有掌握了丰富的知识，才能在现代职场上轻松自如。知识可以照亮我们的成功之路，知识可以赋予我们更多的智慧。一句话，知识可以改变我们的人生。

华人首富李嘉诚的成功就是知识的不断积累，他的人生经历就是知识不断提升改变的过程。在创业之前，他做过许多工作，比如推销、跑业务等。在做好本职工作的同时，他并没有因骄傲满足而停滞不前，而是坚持学习，为将来职场的规划奠定基础。即使再忙再累，他也不会忘记学习知识，尤其是没有放松对英语的学习，他时刻都在储备知识。由于条件有限，李嘉诚没有钱去参加英语培训，也没有时间专门去学校上课、旁听。为此，他便结合自己的工作为积累知识创造条件。他当时做药材推销，在每一种药品的介绍说明中都有中英文两种文字，闲暇之余，他就仔细学习药品说明中的英文语句，这样既方便吸取知识，又能为自己的推销工作提供另一种途径。经过长时间坚持，李嘉诚的付出终于得到了回报，这种具有战略眼光的知识储备为他将来和外商的激烈竞争奠定了坚实基础。在此后大大小小的竞争中，李嘉诚始终屹立不倒。中英文双语的策略为他的成功赢得了更多机会，使他最终在国际商界中占据了一席之地。

缺乏知识就意味着缺少竞争的真正资本。因为每一个人的知识水平都是有限的，要想提高自己，就必须能广泛吸收外部的信息、知识、资源和变化，并乐于尝试新思想和新经历。任何故步自封、固执己见的人，都不可能有所提高与发展。每个从普通走向不凡的人，无一不注重培养自己求知求学的能力，他们依靠自己不断积累的知识战胜了工作中的难点，成功地规划人生，他们用知识改变了自己的命运，因为知识是一切能力中最强的力量。

孔子曰："好仁不好学，其蔽也愚；好知不好学，其蔽也荡；好信不好学，其蔽也贼。"一个聪明的人决不会将宝贵的时间浪费在已经过去的昨天，而是不断地去接受新的知识，充实自己的大脑，积累更多的经验，才能更好地迎接崭新的明天。我们所遇到的人，所遇到的事物，所得到的经验，所经历的事情都是我们宝贵的知识，但单单只有这些并不够，我们需要对自己获得的知识进行系统调整、重新规划，要让它真正地去为我们效力。

有这样一个故事：一个因盗窃被关进监狱服刑的犯人，整天在监狱里悔恨自己的行为，一想到以后在社会上难以立足的惨淡人生，他就唉声叹气，郁闷至极。一个偶然的机会，没上过几年学的他接触了英语，很快便喜欢上了这个新鲜的玩意，并乐在其中，发愤图强。他决定重新规划自己的人生，并很好地利用了服刑的时间来学习知识。这不仅有助于他规划出狱后的人生，而且也给了自己对未来生活的希望。果然，在坚持一段学习之后，他不再像刚入狱时那样哀叹了，因为他的努力已经有了回报，他文章写得好，同时又能顺利地把文章翻译成英语，呈现在他眼前的是一个充满希望、充满乐趣的新的人生道路，至少他有了对将来职业作规划的基础。

只要我们坚持努力学习知识，即便我们的起点很低，随着知识的增长，我们的力量也会慢慢强大，而人生境况也会逐渐改变。知识是一座开采不尽的金矿，只有那些善于积累知识的人，才能从它那获得丰厚的财富，不仅是物质上的，更是精神上的。

在知识经济时代，没有知识的人在职场上几乎是寸步难行，其实没有知识并不可怕，最可怕的是你没有学习意识，最可悲无望的人就是那些没有知识且思想贫穷、没有学习意识的人。所有的力量莫不依赖于知识、产生于知识，知识是美好人生规划的诸多要素之中最重要、最核心的力量。在知识的山峰上登得越高，眼前展现的景色就越壮阔。

知识创造财富已经是不争的事实。张林今年已经年过半百了，年轻时他是一位汽车销售人员，后来通过不断学习和总结工作经验，自己开了一家汽车销售公司，生意相当不错。几年的时间，他的资产就已经过亿元了。他利用这笔资金投资购物中心，生意依然红火。现在的他拥有几十亿元的资产、数家连锁购物中心。很多人都好奇为什么张林不管做什么都能做好做大？他在接受某杂志采访时解开了大家的疑惑：“我之所以有今天的成功，其秘诀就是不断地补充知识。我在做任何事之前都作了很多调查，研究所有的相关资料，不断地积累知识，掌握充足的知识后不管你从事什么行业都能做到游刃有余。”现在功成名就的他依然不断地学习，从而能累积更多的知识，这不是为了赚更多的钱，而是为了充实自己的人生。

掌握更多的知识能让你对今后的人生分析得更透彻，从而选择一条更适合自己的路去走。的确，人生的规划离不开知识这个基础。在这个知识经济的新时代，我们需要知识，知识就是财富，就是潜在的生产力，没有知识的人是根本无法生存的。

在当今这个信息、知识爆炸的时代，知识的更新更是以迅雷不及掩耳之势，冲击着生活、工作的每一个角落，每一个新事物都透露出知识的力量，知识不仅能够推动人类社会的发展，更能改变人的一生。因此，我们只有掌握丰富的知识，才能不断进步，改变命运，收获成功。

第六节　骑驴找马的心态

在职场竞争越来越激烈的今天，想要有长久的发展，合理的规划必不可少。但是人生的规划不是一步完成的，理想的职业也不是马上就能找到的，方向与目标是最核心的问题。为了找到适合自己的发展机会，求职者可谓使出浑身解数。有些人既保留原有的工作以提高“安全系数”，又通过各种渠道找工作。还有一些求职者，索性辞去原有的工作，再根据自己的个人要求，全心投入寻找机遇。然而很多人在作出选择时，根本不知道适合自己的职业究竟是什么，也就是说，根本不知道自己要找的马究竟是什么。

很多年轻人选择职业，嫌这个公司工资低，嫌那个公司不规范，工资不低、管理规范的，他又嫌公司要加班……问他们究竟什么样的工作才是想要的？他们的答案让人无语：“我想找一个真正适合我的工作。”“骑驴找马”是职场中人为了长远的发展经常采用的方法，但是“骑驴找马”需要正确的心态，做个理性的辞职者，骑驴找马，但是不要虐待现在的驴。或许目前的工作真的不适合你，但是你也要认真地对待它。很多年轻人匆匆找了一份工作，但刚工作不久就抱怨目前工作的种种不是，殊不知，当你不满工作的同时，公司也在观察你、考核你。如果你是这样的工作态度，估计没有等你找到“马”，可能“驴”你也不能骑了。

李梅的专业是电脑动画设计。大学毕业以后她的第一份工作是影视后期设计，但是这行工资不高，就是努力加班工作收入也不是很好。做了半年后她想换个工作。自从有了辞职的想法，即使是在上班，她也一门心思地想换工作，于是频繁投简历。可是她也不知道下一步该找个什么样的工作，动画、室内设计、景观设计、广告设计，这些行业她都没有工作经验，发了很多简历也都石沉大海，所以她很是迷茫，很是苦恼，她觉得自己的职业规划完全失去了方向。在这种状态下工作，她频频出错，最近设计的几个方案都没达到客户的要求，有的还出现了很大的失误。她的“马”没找到，现在的工作也面临危机。

李梅在职场上遇到的问题不是个案，反映了职场上一个普遍的现象。在残酷的就业压力下，“骑驴找马”曾经被众多职场内外的年轻人奉为职业发展的行动纲领。对于初入职场的人来说，即使你有了很好的人生规划，也不可能立刻实现，需要你从底层一步步做起，一步步摸索着前进。在择业初期，你可以选择一份力所能及的工作作为锻炼，等到时机成熟了自然就能走上规划好的道路。这就是“骑驴找马”。但是“骑驴找马”得把心态放好，不论你近期是否有找“马”的打算，你都必须认真对待当前的工作，不论行业是否对口、待遇是否理想、职位是高是低，它都会有助于你的未来。所以，即使对于目前的工作不满意，你也要做好，你的任务不是抱怨职场中的问题，而是提升你在职场中的核心竞争力，这样才有长久的发展。

孙强是个大专毕业生，毕业后一直没找到满意的工作。但是总不能闲着吧？于是他打算先找一份工作，至少能解决现在的生活费用，同时多积累一点社会和工作经验。后来他找了一份在水果市场拉车的工作，这个工作十分辛苦，每天一身臭汗，但孙强并无怨言，认认真真地做好每一件分内之事。孙强坚持了一年多。一次偶然的机会，他进入某公司当临时工，做一个月薪几百元的打字员。尽管工资不高，但他非常珍惜这个机会。拉了几年车，他早已忘记怎么打字，工作速度比别人慢很多，经常是别人打完一页，他才打了一半。于是，他每天早上六点就来到办公室，晚上九点才离开回家，午休时间也坚持打字。打完之后，他还要认真地核对一遍。当年的拉车工作虽然辛苦，但是让他练就了顽强的毅力。该部门几次清退临时工，当初打字比他快但总是马马虎虎的几名临时工先后离去，孙强却留了下来。他的认真得到了领导的赏识，从一个打字员被提升为经理助理。以前的辛苦让他更加珍惜现在的工作，他更加认真负责，进步很快。现在他已经成为这家公司的行政部门负责人了。

趋利避害是人之本性，处于弱势的人们做出这种行为原本无可厚非。但是，当时光走到今天，人们意外地发现“骑驴找马”已不再是简单的选择行为，它已在不知不觉间侵入了人们的思想，成为具有相当普遍性的心态。但是这样的心态应该摆在正确的位置上，否则就会使人内心浮躁、缺失责任感，甚至还会产生深深的迷茫。上例中的孙强在自己职业发展道路上也采取了“骑驴找马”的心态，但任何一份工作他都以同样认真的态度去对待。就像当初他在水果市场拉车，他并没有任何怨言，认真做好了自己的分内之事。因为他明白，自己暂时找不到合适的工作，这份拉车的工作使自己的生活费有了着落，而且如果没有当初拉车的锻炼，他也不可能有毅力那么辛苦地重练打字，也就没有后来发展的机会。

还有一些有着自己职业规划的职场人士抱着先就业再择业、骑驴找马的心态顺便找一家公司工作，也没有为公司长远地作多大贡献的想法，只是暂时把这当做一个跳板。这样的人稳定性很差，会在一个公司工作的同时寻找其他机会。这样的心态会严重影响其工作，长期下去，人就变得越来越浮躁，即使有再好再伟大的人生规划恐怕也实现不了。想要在职场中有长远的发展，不论是“驴”是“马”，你都要骑好。不管你现在做什么工作，离你的职业规划有多远，你都一定要对工作认真负责，切不可因为它只是个“跳板”就怠慢它，降低对自己的要求。而且在工作中，你还要积极学习，一旦时机成熟，就可以起跳。这是一种迂回战术，但是确实可以帮助我们实现自己的人生价值。或许当你有一天骑上了“马”后就会发现，我们应该感谢“驴”，它看似不起眼，但却默默无闻地教会了我们许多。

小张到新公司已经有一段时间了。当初他在原来的公司时有满肚子怨言，他觉得在那受苦受累的，公司小没什么发展。自从他加入新团队后，原本满心欢喜的他慢慢发现有些问题仍困扰着他。在原公司，虽然在工作上没什么奔头，但是与同事以及上司的关系可谓亲如兄弟，处得非常好。

如今在新公司，虽然工作前景看似不错，但是他发现在工作中有很多必要的经验在原公司倒是都接触过，但是他在原公司的懈怠懒散使他并不熟悉这方面的经验。如今得到了理想的工作，小张却发现自己的能力不足，似乎无法胜任，不禁为自己以前没认真工作、学习经验而懊恼不已。

在职场上，求职者从长远打算，可先就业再择业，以免错失就业良机。而且如果太久找不到工作，容易产生自我怀疑。边工作边等待新的机会的确是一个聪明的做法，而且在工作过程中，职场中人就会对自己有一个逐渐明确的认识和定位，这也是一个自我完善的过程。不过，“骑驴找马”一定要端正心态，讲究方法，不要聪明反被聪明误。

第七节　这山望着那山高

当人类认为自己所处的是最好的而不思进取时，那么人类离灭亡也就不远了。例如曾经辉煌的罗马文明、玛雅文明等就是最好的实证，它们的衰败证明了只有不断攀登、不断超越才能生存这一真理。职场中同样如此，具有更高的追求才能不断进步和发展，“这山望着那山高”是人们常听到的一句话，它通常用在不满足于自己的工作、生活环境，认为自己的待遇没有别人的好，生活没有别人的舒适等方面。当我们在进行精彩的人生规划时，就应该换一个角度来看这句话，它的意义应该有所不同。

我们身边总有一些这样的朋友，他们在刚从事一项新工作时就抱怨不断，整日只知怨天尤人，而不思进取；或者从一开始就没有为自己的职业作过长远的规划，在有了一份自己可以接受的工作之后就“适可而止”，开始以当一天和尚撞一天钟的心态浑浑噩噩地度过每一天。

2010年的一个上午，无锡火车站挤满了等待勇士归来的人们，大家是在欢迎登顶珠峰的金马登山队凯旋。当四位勇士风尘仆仆地走下列车时，现场沸腾了。绚丽的礼花为勇士们洗尽尘埃，喧天的锣鼓为勇士们鼓劲呐喊，掌声、欢呼声汇成一片。金马登山队登顶珠峰的新闻发布会在国际饭店举行，大家祝贺金马登山队的四位勇士登顶世界第一高峰珠穆朗玛峰。大家都对金马登山队的四位成员不畏艰辛、勇攀高峰的精神表示敬佩。队员们回顾了登顶过程中的种种艰难历险，他们表示那样的感觉是一种幸福。当媒体记者问其中一名队员：“你为什么登山？”“因为山在那边，所以我们选择攀登。”

职场中的提升就是不断攀登的过程。正是因为我们看见了“高山”，所以才产生了攀登的欲望，每一个进步都是爬上高山的一小步，积累了许许多多的一小步就能跨出一大步。我们之所以如此辛苦地努力攀登，是因为我们不断看到更高的山，不断有更高的目标。

今天的黄安齐可以说是功成名就了，35岁的他不但有自己的公司，还能手握国际品牌专营权。从一个仅有小学文化的毛头小子到日进斗金的大老板，黄安齐的职场之路就是一个这山望着那山高的攀登过程。黄安齐小的时候家里非常穷，小学一毕业就开始帮父母干活。16岁时，他到一家钢制家具厂做学徒工。聪明伶俐的他很快就受到师傅们的喜爱，师傅们都称赞他的手艺，说他将来一定是做家具的好手。有了这样好的手艺，以后生活就不成问题了，可是黄安齐并没有就此停止自己的人生规划，他说："一个人不能得过且过，过一种撑不死吃不饱的生活。"

后来，黄安齐背着家人辞去工厂的工作，独自到外面闯。他先是开了一家小电器商店，30平方米的小店被众多商品塞满了。创业初期非常艰难，新的商家很难得到别人的认可，许多货压着卖不出去。好在他始终诚信待人，又迅速降低利润，终于熬过了关。之后，小店生意越来越红火。这时他又有新的目标了，别人都劝他不要这山望着那山高，别出去折腾了，自己做老板多好。黄安齐则认为做生意应该往高看，今天的商界小本经营的模式已经赚不了多少钱了，再这样下去就走向死胡同了。于是他借了一些钱成立了一家正式的公司。

凭着自己多年的经验，公司慢慢发展壮大，经营电器由少数几个品牌发展成了从小影碟机到大家庭影院的绝大多数品牌，公司还发展到连锁经营模式，入住多家大商场。有了系统的经营方式和强大的销售网络，自然能引鹊来巢，很快公司取得了韩国三星电子在公司所在地经营的代理权。经过多年的打拼，公司一个月的销售额竟相当于其他几家公司半年的营业总和。身价近亿元的黄安齐现在仍常在市场上调查研究，寻找更好的机会，继续攀登。

对于黄安齐这样一个有高要求的人来说，"这山望着那山高"的意义就不再是人们的一般理解了。对他来说，当自己走向一个高峰时，他并不会满足现有的成绩，总是与“高山”相比，看到自己的弱点和不足，这样才能取得更大的进步。

人们总说这山望着那山高的人太浮躁、不专一，不能脚踏实地，到头来肯定一事无成。这话并不完全对，“这山望着那山高”的某些人的确是过于浮躁，眼高手低；但也有相当一部分“这山望着那山高”的人是有自己的规划的，他非常清楚自己要爬这座山。所以说，问题的关键在于：当你这山望着那山高时，你的心态如何？是否能清楚地给出一个放弃这座低矮之山、另攀高山的合理的理由？

万科集团董事长王石是一位登山爱好者，他享受的不是“一览众山小”的喜悦，而是体会攀登过程中给人带来更高目标的力量。可能是出于自己的爱好，他将“这山望着那山高，一山更比一山高”的精神贯彻到企业文化中。在望着别的高山时，他很清楚，人不应该取得些成绩就自足，其实一山更比一山高，不断向上的精神使企业的追求不断有新高度。但是万科的攀登不是盲目的，不是哪高登哪，而是量力而行。就像在珠江三角洲与长江三角洲的投资运营中，万科中意珠江三角洲已久，并加快步伐。长江三角洲的发展潜力很大，但万科在长江三角洲发展不一定就有优势，所以公司在城市以及城市中具体地块的选择上会严格根据万科的自身优势及自身实力来定，不会盲目跟风。

雨果有句名言：“所谓活着的人，就是不断挑战的人，不断攀登命运峻峰的人。”一个人如果不认识到“那山”之高，又怎能意识到“这山”之矮呢？“山”代表着个人的职业追求。“人往高处走”，“不想当将军的士兵不是好士兵”，这都是人之常情，每一个追求进步与成功的人都应该不断提升自己的职业追求。爬上这座山后，觉得那一山更高；达到这个职业目标后，又树立更高的目标。我们在职场之路上不断行走，只有不断攀登，不断超越，才能看到一处又一处的美丽风景。

第八节　男女都怕入错行

不论是走上社会的职场新人，还是在社会上打拼过几年的老手，在择业时选什么行业都是其职业生涯的头等大事。如果认为选择的行业不适合自己或者未来发展前景不好，那就需要为职业转型作好准备了。不管是刚刚毕业的学生，还是面临职业转型的职场中人，他们共同需要面临的问题就是该选择什么样的行业，怎样规划自己未来的职业人生。

俗话说："三百六十行，行行出状元。"此话不假，但随着社会的不断发展，社会分工越来越细，在现代社会里，远远不止三百六十行。行业的不断增多，新鲜行业的诞生使我们的选择机会也更多，但另一方面也值得我们注意，如果选择不当，就如同歧路亡羊，很难有长远的发展。任何人都怕入错行，不管男女，但往往许多人都是稀里糊涂进入某个行业，稀里糊涂选择了错误的方向。要明白，行业的选择真的是影响你职场生涯成败的关键因素。

小赵大学学的是经济学，后来又进修法律，成为法律硕士，有良好的经济学知识和法学素养，并且具有较强的组织能力和领导能力，所以他很轻松地就找到了一份工作，在国内一家大型的综合性出版社从事广告制作工作。在正式工作之前，他并没有对自己的行业选择作过系统的规划。在从事了一段时间的广告制作工作后，他发现这份工作并不适合他，广告行业讲究创意，学习法律的他在此方面并不擅长。同时他也开始对自己没能从事所学专业而耿耿于怀。慢慢地，他感觉现在的工作有点力不从心。工作两年了，他对今后自己的职业发展有些迷茫，不知道自己是不是真的走错了路，也许自己真的需要重新规划自己的人生，慎重选择一个适合自己的行业。

其实很多人像小赵一样，由于种种原因而盲目地选择了一份工作，或是因为急于找一份工作进行锻炼，或是这个行业的待遇目前看似还不错，或是其他别的原因。但进入这样的行业不久就发现并不适合自己，有的人选择跳槽，有的人继续忍耐，还有的人踌躇不决，这都不利于我们的职场发展。其实选错行业并不可怕，当你发现自己在一个行业的发展出现瓶颈的时候，就必须认真思考一下这个行业到底适不适合自己，自己有没有决心坚持或有没有信心从事这个行业。假如你觉得自己在这个行业毫无潜力，也没有兴趣，而且也不愿意花时间和精力去培养兴趣，那么就意味着你在这个行业不会有好的发展。

如果行业选择不对，即便自己再努力，也难以有好的发展结果，所以在选择进入一个行业前要全方位考虑，作一个恰当的规划。首先，你需要考虑的是：你所选择的这个行业在社会上的发展前景如何，在社会上的需求情况怎么样？其次，如果你所选择的行业各方面都很好，那么你就要认真考虑：自己的性格或能力是不是适合从事这个行业？沙漠更适合骆驼，草原更适合骏马。骏马不慎迷失方向跑入沙漠后，必须赶快找到通往草原的路，那才是正确的。择业也是一样，当发现选择了不恰当的行业时，就要重新考虑自己的职业发展，作出合理的规划。

赵刚是理工大学电子信息专业的硕士研究生，毕业后选择了IT行业，在一家外资企业工作。因为对软件的了解很不够，所以他就没有做技术支持，而是从事管理工作。工作了五年后，他才成为行政主管，薪水也就5000元多一点，继续晋升的机会也不大，在公司的发展遇到了瓶颈。其实他外形阳光、性格开朗、善于交际、思维灵活而且有创意，IT行业则相对比较枯燥，天天都和程序打交道，需要为人沉稳、坐得住，肯下工夫钻研。赵刚的性格特点实在不适合IT行业，而更适合灵活一点的行业，如广告行业、数字技术行业等。

很多人选择工作或行业时可能是遍地撒网，能捞到什么鱼就吃什么鱼，完全不顾自己的喜好和特长，这样非常不利于个人能力的展现与潜力的发挥，将阻碍自己的职业发展。如果能够结合自己的喜好和特点，认真选择适合自己的行业，那么在这个行业里就能够最大限度地发挥个人特长，取得更大的成就。

小李在一家餐饮连锁公司工作，餐饮行业的发展前景还是相当不错的，这家公司的生意也红红火火，又是采用连锁经营的方式，所以计算机应用专业出身的小李认为在这家公司应该大有用武之地。在来这家公司之前，小李了解到这家公司的信息技术几乎为零，到这里来做信息技术工作，可是一个大显身手的好机会。刚刚到公司，小李就有了一个新想法，并把自己的想法汇报给老板听，原来他想给公司建立一个数字系统，对业务水平进行监控与分析，这将为公司日后的发展方向提供有利的依据。这一想法得到了老板的肯定，于是小李更是激情满满，把自己的想法做成了几十页的计划书交给了老板。但是老板一看这项计划需要非常大的投资，而且近期内可能无法看到收益，于是打消了搞信息化餐饮服务的念头，小李的项目就被遥遥无期地搁置了。小李当初的设想没有实现，现在在公司只负责简单的日常技术支持工作，如此低端的、重复性的工作让他苦不堪言，大有怀才不遇之感。

梦想家园IT部门的负责人小赵的事业则是蒸蒸日上。梦想家园是一家大型建材公司，对IT的投资自然是毫不懈怠。所以小赵申请的上千万元的IT项目，只要有利于公司的长远发展，公司都会给予人力财力支持。同样都是想有所发展，选对行业自然就能实现你的抱负，而入错了行，即使你再有能力，再有远大的抱负，却也只能空叹无用武之地。

在职业规划中，大家最关心的不外乎职业定位、竞争优势、人职匹配等，但是发掘这些要素最基本的前提是：选择正确的行业。其实我们都怕入错行。一个不适合自己的行业，带给自己的不仅仅是工作的不适应和低廉的薪水，更为严重的是，你将因此看不到职业生涯的希望，你的一生也将因此而一事无成。

职场中有的人起点并不高，既非名校也不是什么热门专业，但是因为他们选择了适合自己的行业，几年之后，他们在职场上的价值远远超过了很多当初起点比他们高的人。长久发展的秘诀就是明晰自己的优缺点和自己的兴趣所在，以确定最适合自己的行业。所以，入对行的第一步就在于认清自己的性格、气质、能力和兴趣等，选择最适合自己的行业，从事该行业的相关工作，进而不断努力，取得成功。

第九节　转行的技巧

关于职场，在一棵树上吊死的时代已经一去不复返了，当你经过必要的努力，发现这个行业根本不适合自己的时候，就必须快刀斩乱麻，拿出自己的勇气和魄力重新作出选择，而不是被动地将就。转行是当今社会的一种普遍现象，有这么一组数据：在我国，大学毕业生在毕业之初改行的比例为16%，毕业后五年内的比例为29%，十年内的比例为45%。由此可见，转行并不是个别现象。

许多人改行之后，事业取得了辉煌成就，我们身边不乏此类成功转行的事例。他们之所以能够取得成功，是因为他们在决定转行之前经过了认真的思考，合理规划，权衡利弊。的确，草率行事或被动将就都是注定要失败的。现在，转行的人不在少数，但是要想成功转行，却真的并非易事。因为你将要从事的行业和你以前积累的工作经验大相径庭，很多转行者对此甚为苦恼：要不要转行？转行好像比较难，换一个新的行业，没有什么经验，也没有相关的人脉资源，困难重重，所以一直犹豫不决。

事实上，只要拥有一定的理念和技巧，我们的职业生涯完全可以不断发展，达到我们所期望的境界。能否转行成功，要看你是否掌握了其中的门道。转行不是说跳就跳，说转就转，在这之前需要作好各种准备，一定要有详细的规划。准备得充分，转行就很容易成功。

张娜现在一家医药公司从事销售类的工作，在这个行业做了几年，她的职业发展仍然没什么起色。她觉得很不开心，首先，收入不稳定；其次，这个行业竞争越来越激烈，现在工作起来有点力不从心。她感到这个行业不适合自己，因此有了转行的打算。可是，该换什么行业呢？张娜最近一直在思考。其实她从小学画，国画西画都学过，一直想从事与绘画相关的行业，只是苦于没有机会。她觉得自己有良好的美术基础，而且自己曾有软件学习的经历，选择设计类的行业应该会有不错的发展。同时对于这个行业的薪酬水平、发展前景、所需的知识水平等，她都作了详细的了解。在进行了充分的准备和规划后，张娜就转了行，经过几年的打拼，她现在已经是一家大型平面媒体公司的设计总监了。

在我们身边，许多人都有转行的经历。有人说，转行好比是换个跑道重新跑。有时候转行是给职业生涯带来生机的必要手段，但在这一敏感而又不可弥补的环节上，随意转行往往容易造成事业停滞不前，甚至倒退。错误的转行很可能带来长期的职业低迷，从而影响终生。转行必须是在职业定位之后，通过重新进行市场定位、行业定位、职位定位、薪酬定位，从而有目标、有方向地去选择适合自己的行业。

小梅大学毕业后被分配到政府部门做出纳。做了一段时间后，她感觉机关单位太沉闷、没有活力，不会有大的发展，于是跳到一家国营企业做成本会计。做了几个月后，她发现在这里做好做坏都一个样，也看不到发展的机会。后来她又进了一家大型咨询公司做财务助理，可是情况没有多少改变，平时做的只是些辅助工作。工作一段时间后，小梅还是没能得到提升。她感觉自己在这家公司也不会有很大的发展空间，于是又转到一家跨国电子公司。这家公司的管理很规范，岗位职责分明，给每个人的权限也较大。她在这家公司做了四年的总账会计，同时也学了很多财务软件的知识。尽管如此，她还是觉得在财务行业上看不到前途，在几家公司之间换来换去还是没有解决根本问题。她感觉做财务好像已经走到了尽头，不知道在这一行如何提升自己。她一直犹豫要不要放弃财务专业。自己所学专业是财务，如果向其他行业发展，无论是所学专业、职业培训，还是工作经验、人脉等都没有相关的让人信服的资本。可是不转的话，自己似乎又难以再有更大的发展空间。她就在犹犹豫豫中度过了职业发展最重要的阶段。

像小梅这样在转行问题上感到迷茫的人非常多，转行可行不可行，什么时候转行，适合转到什么行业？这些问题反反复复困扰着我们。转行是一把“双刃剑”，它关系到我们将来职业发展的命运：一方面，转行可能会是职业生涯的转机，可能是成功的开始；另一方面，没有计划、没有技巧的转行会给职场发展带来困惑，造成职业生涯发展后劲的缺失。为了避免盲目转行，一定要先想清楚自己的职业目标，作好个人的职业发展规划，明确自己的职业潜力集中在哪个领域，在哪个行业能把自己的优势资源全部用上，哪个方向才能最大限度地发挥和挖掘自己的潜力。

小周大专毕业后在电子行业工作了近十年，一开始他是在一家国营企业做电子技术员，几年后升为技术工程师，后来跳到一家跨国公司做高级工程师、项目管理经理，从事电子工程和流程管理工作。之后，他被公司外派到美国，工作四年后回国，回国后他发现中国的电子行业突飞猛进，大大超出了他的想象。经过一段时间的市场考察后，他感觉自己在电子行业已经很难有更大的突破，于是有了转行的想法。最近，他被咨询行业的金领收入和较高的社会地位所吸引，很想成为一名咨询师，从事咨询行工作。他把转行目标投向了大型咨询公司，但是在写简历时他发现了问题：就算自己十年的技术工作经验能写满三页纸，可没有一条工作经验和咨询沾边，自己的学历是大专，而且是电子专业，想要做咨询师既没有相关的高学历，也没有工作经验。后来，他投了许多简历都杳无音信。有了转行目标，但是找不到切入点，为此小周非常苦恼。

其实当你像小周一样想要从事以前没有接触过的行业时，首先要作好充分的准备，对行业进行认真地调查分析，对自己有明确而客观的认识。有了详细的规划后，你所面对的问题是怎样找到切入点。就小周的情况来说，他没有从事过咨询工作，但是他在电子行业经验丰富，有技术背景、生产经验，熟悉电子类企业研发、生产、销售等各部门工作流程，又有国外培训和工作经验，所以他从事电子行业咨询工作还是可以做到的。而且如果能够顺利转行，工作几年后，他有了相关的经验，就能逐步成为一名专业的咨询师。

在复杂多变的经济环境中，一些新的、有前景的产业如雨后春笋般不断涌现，一些旧行业则趋于饱和乃至萎缩，很多职场人士已不再坚定不移地在一个行业、一类工作中“终老其身”，他们在工作已经平稳地行进到某个阶段时毅然选择了一种峰回路转的人生。转行的确可以使职业生涯“柳暗花明又一村”，但我们也应明白：转行不是轻松一跳，在确定转行确实有利于自己的个人职业目标的实现之后，一定要做好准备工作，提前了解将要进入的行业，认真思考这个行业到底适不适合自己。总之，在转行前必须要考虑到各种需要考虑的因素，否则就有可能为转行付出沉重的代价。

第十节　归零重来的魄力

不管你是职场新人，还是小有成就的职场精英，在作人生规划时，必须要有归零的心态，要学会忘掉过去，虚怀若谷。只有一步一个脚印地前行，并不断把迈出的每一步都当做万里长征的第一步，即在一个成绩归零之后再赢得新的成绩，这样才是有效的人生规划。正如一位成功人士在给某高校毕业生作就业指导时所说的那样：“如果你没有一种归零心态，如果你不能在实践中锻造自己，那么哈佛毕业也没用。”

心态归零，意味着面对明天一切又从零开始。新的起点，新的希望，等待着新的收获。有很多人在开始的时候比较成功，甚至一夜暴富，职场上这样的人不在少数，但后来却以失败而收场。分析个中原因不难发现，这类人普遍存在这样的心理：总以为自己什么都会、什么都懂，总以为自己什么都经历过，觉得自己非常了不起，殊不知，如果你觉得自己已经达到人生的巅峰，不需要再对未来作任何的规划与努力，那么等待你的也就只有停滞不前与失败了。

勾勒美好的人生蓝图需要我们将心里的“杯子”倒空，将自己所重视、在乎的很多东西以及曾经辉煌或者失败的过去从心底彻底了结，彻底清零。这样将心倒空了，才会有实实在在的轻松，才会有真正的“而今迈步从头越”，才能取得更大的成功。在职场中，有些人总是习惯于活在过去，总惦记着自己昔日的种种辉煌，开口就是“想当年我……”、“我做过的项目……”、“我那时候在公司呼风唤雨”、“我在公司指挥几百人的团队”等。这些人天天抱着一种自满的心理，没有归零的勇气和魄力，因此无法突破自己以往的成就，职场道路很难走得长远。从零开始就是把自己打回人生的原点，找出自己所有的优点和缺点，然后重新塑造一个全新的自己。不管你过去的工作有什么样的成绩，永远都要像新入职的员工一样，放下架子，放下自满与骄傲，这样才能接受新的知识，取得新的成绩，有长久的发展。

1999年，马云同另外17名同事创建了阿里巴巴。如今，阿里巴巴已经发展成为电子商务领域的领军者，从原来的18个人到现在拥有了两万多名员工，而且阿里巴巴还遍布全球两百多个国家和地区。但是阿里巴巴并没有停下前进的脚步，因为世界在变化，互联网在发展，过去取得的成绩很快就会被快速发展的行业潮流所吞没。

面对新的环境、新的客户、新的理念，阿里巴巴对日后的发展作了新的思考：未来十年我们阿里巴巴怎么走，我们需要变成一个什么样的公司？马云在一次讲话中给出了答案："今天任何一家企业，假如想在21世纪活好，必须学会开放、分享、责任、全球化，阿里巴巴就是希望成为这样的一家公司。"像阿里巴巴这样有着雄厚实力的公司，重新作规划时最关键的就是把自己的起点放在什么地方，如何对待过去取得的成绩。马云也同样指出了规划的道路："阿里巴巴将进入一个新的时代，进入合伙人的时代，一切从零开始。"马云等18个创始人辞去了职位，跟普通的员工一样，去阿里巴巴应聘任职。他们将过去的一切归零，未来十年也从零开始，以这样的心态蓄势待发，再创辉煌。

我们的职业发展也应如此，也要敢于从零开始，每天都要给自己清零，永远保持从零开始的心态，从零开始的魄力。就像我们平常要喝咖啡，就必须把杯里的茶先倒掉，一半是茶，一半是咖啡，混合在一起就变了味，什么也不是。不管我们以前有多么辉煌，那只能说明过去，并不代表未来。一个人要取得突破，必须忘掉过去，忘记曾经的成功，重新开始。

有一个保险推销员，现在是业内的名人，因为他一个月做了180多笔保单，可以说创造了推销奇迹。他觉得每一天都是一个零点，每天都从零出发，每时都从零出发，每一次工作都从零开始。每做完一笔保单，他就告诉自己：我又到了零点。这种时刻归零的勇气就是一种进取的心态。因为每天的太阳都是新的，每天都应以一种崭新的心态去学习新东西。长远的职业发展规划就是要淡化过去的成绩，轻装上阵，从头开始。

英国思想家、文学家罗素说过：“人生最难得的是过哪座桥，烧哪座桥。”人生敢于空杯，敢于从零开始，这既是一种修身哲学，又是一个职场原则。面对这个日新月异的世界，有魄力将一切归零，把每一次成功都视为新的起点、新的希望、新的挑战，倒空你的成功，才能取得更大的成功，创造更多的辉煌。智者说，心态归零，责任才能归位。现在很多人总是抱怨世界太小，无处施展自己的才华。其实并不是世界太小，而是我们将自己看得太大。当心中装满了自己，就不会有其他事物，世界当然就会很小。

心态归零，意味着昨天再美丽也只能代表过去，不能代表明天。哈佛大学校长用自己的亲身经历告诉我们这样的道理。工作了这么多年，他觉得生命中似乎缺少了什么，但是又无法填补。有一年，校长向学校请了三个月的假，只身一人去了美国南部的农村，尝试去过另一种全新的生活。到了农村，他先是在田地做工。后来到了一家餐厅找到一份刷盘子的工作，干了四个小时后，老板把他叫来，跟他结账。老板对他说：“可怜的老头，你刷盘子太慢了，你被解雇了。”被解雇后，他重新回到哈佛，回到自己熟悉的工作环境后，却发现以往再熟悉不过的东西都变得新鲜有趣起来，工作成为一种全新的享受。那三个月的经历新鲜而有趣，更重要的是，那三个月的经历让他在回到一种原始状态以后，发现了生活中的一切都那么有趣，也不自觉地找到了人生新的方向。心态归零，意味着松绑自己，以快乐的心情来面对生活、面对工作，勇敢地迎接新一轮的曙光。

著名作家刘震云也说过：“归零心态就是把自己心灵里的一切清空，把已经拥有的一切剥除，一切归于零的心态。”不断归零就是不断地上升与提高，也是一种难得的积淀与涵养。在职场中，每一个人都应敢于归零，有魄力放下昨天的种种烦恼、喜悦、失败、成功等，大胆地抛开一切，迎接新一轮的挑战。只有这样，才能持有人生的洒脱与从容，多一份头脑的清醒、心态的淡定，更好地享受工作与生活。

第十一节　敢于选择，勇于放弃

职业规划是一个不断选择取舍的过程，不懂得选择与放弃只有死路一条。昨天的放弃决定今天的选择，明天的生活取决于今天的选择。人生如戏，每个人都是自己的导演。只有敢于选择、勇于放弃的人，才能赢得精彩的生活，拥有海阔天空的职场生涯。敢于主动放弃，即标志着人生有一个新的开始。我们常说“置之死地而后生”，只有敢于放弃，才能有另一份收获。

生活有时会“发怒”，我们不得不交出权力，不得不放走机遇，甚至不得不扔下成功。作出选择，放弃一些已经得到的东西，这并不是坏事，选择意味着取舍，意味着有新的机遇，也意味着必须要放弃一些东西。

尤其是在职场中，如果苦苦地抓住本该放弃的东西，不能在取舍中作出选择，那么职场之路只会越走越窄。见什么要什么，想什么要什么，被事物所迷的心态不是人生最本质的意义。那些试图抓住身边每一个机遇、从不放过的人是辛苦的。事实上它不但不能使你真正拥有，反而会加重你心灵的负担。不论是在事业、工作还是生活中，我们总是要不断地面临选择，选择的关键就是要有平静、理智的心态。

在热带丛林里，人们用一种奇特的狩猎方式捕捉猴子：在一个固定的小木盒子里装上猴子爱吃的坚果，在盒子上开一个刚好够猴子的前爪伸进去的小洞。猴子一旦抓住坚果，爪子就抽不出来了。人们之所以用这种方式抓猴子，是因为猴子有一种习惯，只要他们抓到东西就不肯松手，这种习惯让人们屡屡得逞，而猴子是屡教不改。人们不禁要嘲笑猴子愚蠢，就因为一个到手的坚果变成了别人的猎物。而在我们生活中，很多人都犯过同样愚蠢的错误，只想得到，不想放弃，面对利益或诱惑时没勇气作出正确的选择，从而导致自己的事业走向死胡同。生活就是这样，在坚持选什么的同时，你也必须要放弃另一些东西。人往往就是因为舍不得放弃，选择过程才变得异常痛苦，人生也才变得异常沉重，甚至因为不堪重负而过早地衰亡。

1978年，意大利著名的奥利维蒂公司出现了严重的问题——财政危机、入不敷出、债台高筑，已经濒临破产了。就在危难之时，新上任的董事长贝内德蒂大胆改革，他放弃了已经到手的几个大单子，因为这个合作要耗费太多人力财力。在公司的长远发展和暂时利益面前，他作出了明确的选择，公司很快就复苏并恢复生机。贝内德蒂对公司原高层领导在管理、决策方面的作为进行深刻的剖析，找出了问题的原因，同时宣布，公司要想起死回生，就必须要有技术基础，有一批懂技术的人才。许多技术人才虽然年轻，但是有能力、有魄力，完全可以委以重任。这些年轻人敢于负责，既懂生产又懂技术，同时明确自己的方向、任务，并能为之奋斗。贝内德蒂大胆撤换了一些高层领导，任用了一批有能力、懂技术的年轻人才，使公司重新焕发生机。

面对困难，我们要敢于作出选择，勇于放弃，有选择才有希望，有放弃才能获得重生的机会。当我们规划人生时同样要善于选择，勇于放弃，而不要一味地坚持，作无谓的牺牲。任何人都不愿轻易放弃可能得到的东西，但是若想在职业生涯中取得成功，就必须懂得取舍的智慧，同时还要具备勇于放弃的勇气，尤其是当你发现自己的选择是错误的时候，更要果敢地放弃并及时进行调整，这样才能保证你的人生不偏离主航道，并到达成功的彼岸。

赵严是一所知名大学的党支部书记。一次偶然的机会，他认识了某传媒集团的李总，李总对赵严很是欣赏，多次邀请他加盟自己的公司。后来，赵严经过认真考虑，毅然辞去了大学里的工作，下海打拼，与李总共同奋斗了十多年。公司逐步发展成为国际教育集团，在国内外都开设了管理课程培训，并受到了学生的广泛认可。

赵严放弃了大学里稳定舒适的工作，选择了同李总一起经商，选择了一种新的人生。在公司里，李总放了相当一部分权力给赵严，让他尽力发挥自己的才干。而在李总公司的这几年里，赵严也学到了许多管理和运营企业的知识。后来他自己创业，成立了一家传媒公司，并且成功上市。这些辉煌的成就离不开他当初明智的选择，这个选择不是轻率的，是经过了深思熟虑后而决定的。是的，在面临选择时，每个人都应该认真分析，搞清楚自己要什么，知道自己要去何方，明确什么该丢、什么需要保留，从而在人生转折点上作出最佳选择。

我们在对自己进行人生规划时，总会面临一些选择，总要取与舍。职场残酷如战场。对于不懂得选择的人来说，那就只有失败的可能。如何选择，如何取舍，一次次的经历会让我们的思想越来越成熟，人生越来越精彩。

敢于放弃之人都有着顾全大局的果敢和胆识，有着量力而行的睿智和远见。只有学会选择和懂得放弃，才能彻悟人生，才能让我们的人生规划达到海阔天空的境界。放弃对于每个人来说都是一件痛苦的事。然而，在适当的时候放弃是一种智举、一种成功，因为适时的放弃能让你腾出时间和精力去做更有意义的事情，能让你避免浪费有限的资金，以便东山再起。只有敢于选择，才能拥有更辉煌的成功；只有懂得何时放弃，才会事事如鱼得水。在纷繁复杂的职场中，每个人都应该保持清醒的头脑，更直观、更理性地认识自己、认识社会，在必要时作出正确选择，适时放弃，走好人生每一步棋。

第3章

选对行业，走向成功

第一节　慎重对待第一份工作

择业很重要，尤其是第一份工作。现在，就业难的现象仍然存在，众多学子步入社会后，由于找工作心切，遇见什么就做什么的人不在少数。“先随便找份工作，然后再说”，这样的观念影响着众多学子对第一份工作的选择，这就造成许多人的第一份工作并不是自己喜欢的或者理想的工作。第一份工作如果和职业理想背道而驰，对将来的职业发展是大大不利的。在第一份工作中，我们需要找到自己的强项所在，并分析出适合自己的职业方向，同时积累相关的经验，在拥有一定的知识、技能以后再去选择自己理想的工作。

职场上的过来人尤其是取得一些成绩的人总喜欢话当年，他们常常这样对刚进职场的年轻人说：“想当年，我刚毕业的时候……”，“我刚步入社会的时候……”，“我找到第一份工作的时候……”的确，过来人的经验很宝贵，这都是刚步入社会、初试职场的人在书上学不到的东西，因此倒也值得这些过来人在后生面前摆摆姿态。当这些过来人在回想第一份工作的时候往往会有新的感触，对许多成功的人来说，第一份工作绝对不只是随便一份暂时应付生活的差事，它在很大程度上决定了自己今后所有的职业规划，因此，第一份工作应慎而择之，尽量不能偏离理想。

有一位很成功的企业家曾经这样说过：“只有把自己的工作当做第一份事业的人，才可能真正拥有自己的事业。”有“德国邮政女王”之称的格蕾特·拉赫纳，正是由于第一份工作而成就了她日后的事业。她15岁开始工作，进入一家邮政公司当学徒。她手脚麻利，非常适合这份工作，她也很享受这种有条理又充实忙碌的感觉。虽然这是她的第一份工作，但是她仍然认真谨慎地对待。她工作非常认真勤奋，每天早上七点开始工作，晚上永远都是回家最晚的一个，所有与邮政有关的工作，像打包、填写邮件表单、打扫卫生、记账等，她都一一认真地完成，常常是直到九十点钟才结束。而在这份工作中，她的知识和技能得到了极大的丰富和提高。对于她来说，这不仅仅是一份解决生计的工作，更是自己事业的开始。是的，她把这第一份工作当做终生的事业来谨慎对待，从而成就了事业上的辉煌。

人生历程中的“第一次”总是让人记忆深刻，尤其是自己的第一份工作，更是对自己今后的职业发展有着非常重要的意义。第一份工作一定要做好，即使你不是很喜欢，也要尽力做好。努力做好第一份工作，可以学习更多的社会知识和经验，为以后的事业发展作更多、更好的铺垫。每一个人踏入社会的第一份工作，都是相当重要的，它是成就人生价值的起点，也是我们养成敬业、勤奋等好品质的重要时期。认真对待自己的第一份工作，这是一个严肃的态度问题。正如我们常说的“态度决定一切”，其实无论做什么事都要认真对待，只有认真努力去做，才会有好的收获。每一个人都可以从自己的第一份工作开始，踏上自己的成功之路。

然而，看看我们身边的人，有几个把第一份工作当成自己未来的事业了？他们一边马马虎虎地工作着，一边却又梦想着有朝一日成为领导者，一梦就是好多年，而没有想到对自己的发展最有意义的应该是从现有工作去积累将来成为领导者的资本。的确，与其这样天天做白日梦浪费青春，不如脚踏实地通过第一份工作或者现有工作去学习、去锻炼，不断积累走向成功所需要的东西，从而逐步实现人生理想。

而对于目前刚刚毕业还没有找到工作的人来说，“第一份工作”这个概念似乎显得非常模糊。他们只知道走入社会后应该工作，至于做什么完全没有概念。很多刚毕业的年轻人都没有明确的职业定位，考虑的多是入职后的基本待遇。也有一些年轻人迫于当前的就业压力，求职心切，没有进行职业与行业的选择，随便找到一份工作，便视若珍宝，甚为满足。还有些人对步入社会心存恐惧，没有自信，觉得自己什么都干不了，什么都做不好，所以一直犹犹豫豫，不知所措。

李晶毕业后也找了一段时间的工作，起初她也有些迷茫，不知道选择什么工作，投了一些简历也都没什么音讯。有一次，她在网上投简历时看见了西部地区招村干部的信息，在校期间她参加过支援西部地区的服务项目，有一定的基础，而且她以后也打算考国家公务员，如果先去做村官工作，不但能学到一些相关的知识，而且还可以积累一些实际的工作经验，为自己在竞争激烈的公务员考试中胜出增加筹码。现在她已经工作一个月了，她表示："这份工作既对社会有意义，又可以为我将来的职业发展奠定基础，我会努力做、努力学，我会努力做好这第一份工作。"

从职业规划的角度考虑，每一个人都应该慎重选择第一份工作，因为第一份工作将对个人的职业态度、职业习惯产生深远的影响，从某种程度上说也决定着未来的发展高度。第一份工作会造成先入为主的观念影响。先听进去的话或先获得的印象往往在头脑中占有主导地位，以后再遇到不同的意见时，就不容易接受。所以，当你选择了就要认真对待，不要总认为反正是第一份工作，先凑合一下，以后再找更好的。这种思想会导致你无法重视自己的工作，这就是混日子的开始，这种不负责任的工作态度怎么可能积累到职场经验，从而为你以后想做的"大事"作准备呢？

第一份工作可以是我们不喜欢的，但是一定不能是毫无头绪的乱撞，第一份工作关系到我们今后职场生涯的方向，你可以在第一份工作中看出你选的行业适不适合自己，今后的路怎么走，从而作出更合理的规划。所以，这就要求我们必须要以踏实认真的态度坚持下来，才能看出一个行业的门道，不论将来是否从事这个行业，我们不断提高相关的工作技能，积累相关的工作经验，都会在以后的工作中发光发热。若想自己的职场生涯走得长远，我们就必须认真对待我们的第一份工作，它教会了我们太多太多东西，学知识，学经验，学态度，学会如何与人相处，学会如何管理他人，学会如何去做一个成功的人。第一份工作让我们明白了工作的意义，培养了事业心、责任心、团队协作精神，提升了综合素养，看清了社会，了解了自己，学会了职场规则。

所以，在初试职场的时候，千万不能盲目地选择第一份工作，要有想法、有计划地选择。首先，你要了解你将要选择的工作性质如何，公司的经营状况怎么样，能否给你的成长提供锻炼的平台，以及公司的用人机制等。还有一点也很重要，一些企业会对试用期的员工进行培训，以便让员工尽快地适应工作环境，进入工作角色，所以了解一个公司的培训制度也尤为重要。其次，全面客观地分析自己，明确选择这份工作的目的是什么，自己本身的利弊是什么等。这些都是我们在选择第一份工作前需要做的功课。

第一份工作其实像你的启蒙老师，它教给你东西的好坏，在某种程度上影响了你以后的职业发展轨迹，是我们迈向社会、走向成熟的第一步。有计划、有目的地选择才能使我们不错失任何一个成功的机会，也不会误入歧途。

第二节 选择正确的方向

无论你有多么高的学历，无论你是多么足智多谋，无论你花费了多少精力，如果没有一个明确的方向，你在职场生涯就会过得很茫然，渐渐就会丧失斗志，忘却最初的梦想，贻误自己的青春年华。通向成功的道路有千万条，但你要记住：所有的道路不是别人给的，而是你自己选择的结果。你选择了什么方向，也就选择了什么人生。

人生之路有无数条，但每一条路都只能走向一个既定的方向。一个人不可能同时向南又向北。路只能一步一步地走，目标只能一个一个地实现。你如果什么都想要，最终只会什么也得不到。太多的幻想往往使人不知如何选择。当你还在举棋不定时，别人或许已经到达目的地了。职场就是赛场，无论一个人多么优秀、素质多么好，如果没有确立一个正确的方向，很难取得事业上的成功。

在毕业后的一年多时间里，孙华换了三家公司，而且是三个不同行业——传媒、广告设计和图书发行。最近，她又要辞职换工作了，而且打算换个城市发展。朋友很奇怪她为什么这么频繁地换工作，现在还要去别的城市发展。她说："这些公司都没什么发展，这些行业也没什么前途，继续待下去也没什么希望。我想换个城市，去寻找新的天地。"朋友问她："那你到那边后打算从事什么行业？有方向吗？""没有呢，这个我还没有想好，也不着急，先去了再说，没方向不要紧，只要是待遇好点的工作都行。"

像孙华这样频繁换工作、换行业的人，可谓比比皆是。他们在职场中换来换去，并不知道自己应该做些什么，能做些什么，总是换了再找，找了再换，毫无方向。他们盲目地找工作、换工作，头脑里没什么长远的规划，可能都是一时的想法和一时的判断。他们的职场生涯总在原地打转，换了工作也没有什么进展。其实这些人并不缺乏信心、能力、智力，只是没有确立方向，所以才没有走上成功之路。这道理很简单，正如一位百发百中的神射手，如果他漫无目标地乱射，也不会在比赛中获胜。

选择对的行业，就是寻找正确的方向，然后坚持走下去。只要你经过谨慎的判断，认为自己适合这个方向，那么这个方向就是正确的。确立自己的事业方向不是竞赛，不要去和别人比，而要立足于自己的现状一点点地进步，只要今天的你胜过昨天的你，只要在正确的方向上一点点地进步，你就能逐步靠近自己的目标。在职场上打拼，没有背景、没有经验、没有阅历、没有钱，这些都不可怕。没有背景，可以通过努力去营造；没有经验，可以通过工作去积累；没有阅历，可以通过生活去丰富；没有钱，可以通过劳动去赚取。但是，没有目标、没有方向是最可怕的，它会让人感到无奈、没有希望。

很早以前，森林里的大象、狮子、骆驼决定一起进沙漠寻找新的广阔的生存空间。在进入沙漠前，上帝告诉它们，进入沙漠后，只要一直向北走，就能找到溪水和食物。当他们进入沙漠以后，浩瀚的沙漠让它们失去了方向，根本分辨不出哪个方向是北。

大象想：我如此强壮，失去方向也没有什么关系。只要我朝着一个方向走下去，肯定会找到水和食物。于是，它选定了它认为是北的方向，开始出发，走了一段路它又转了方向，觉得北方应该在这边，走了几步又换了方向。就这样走了三天，大象惊呆了，它发现它回到了原来出发的地方。三天的时间和力气就这样白费了。但它没有吸取教训，依然继续转圈，直到精疲力竭而死。

狮子呢，它很为它的奔跑速度自豪，认为以它的能力很快就能找到食物。于是狮子没作任何判断，便向自认为是北的方向奔去。它跑得飞快，几天后却惊异地发现，它越是向前，草木越是稀少。最后，它已经看不到任何绿色植物了，更别说小溪了。它想按原路返回，可是由于跑得太快了，它根本就没有留意来时的路。于是它又继续向前走，终于在荒漠中绝望地死去了。

只有骆驼懂得如何选择正确的方向，它走得很慢，仔细地思考，试图找到真正向北的方向。它白天不急于赶路，而是休息，以保存体力。而到了晚上，天空中挂满了亮晶晶的星星，骆驼很容易就找到了那颗耀眼的北斗星。就这样，白天没有星星指路的时候，它就停下来休息。到了晚上，它就朝着北斗星的方向慢慢行走。三天以后，它惊喜地发现自己已经置身于小溪旁边的绿洲上了。从此，骆驼就在这里安了家。

骆驼虽然没有大象那样强壮的体魄，也没有狮子那样高速奔跑的能力，但是它懂得只有寻找到正确的方向，才能成功，才能到达绿洲。寻找方向是需要方法的，就像骆驼通过北斗星来判断北方一样。职场也是如此，当你要选择正确的方向时就要找到合适的方法，而不是低着头撞运气。人们都会说自己知道方向很重要，可真正找到自己方向的又有多少？职场上很多人有着非常强的能力，但是由于不懂得规划自己的职业，在工作多年后，依然拿着微薄的薪水，没有什么大的发展。其实只要稍微修正一下自己的职业方向，就能够在职业发展上走得更从容、走得更远。

托尔斯泰说："人生目标是指路明灯。没有人生目标，就没有坚定的方向；而没有方向，就没有生活。"找不到方向，人生就是盲目的，很多努力都是徒劳的，所以，选择正确的方向是非常关键的一步。我们必须做好选择，因为人生没有太多时间让我们作太多尝试，让我们在不同的领域学习。对大部分人来说，一生能达到一个行业的顶峰就已经很成功。在职业生涯发展的过程中，选择是一个连续的过程，你很难一下子就作出完全正确的选择，但要学会选择正确的方向。

每个人都应该选择一个正确的方向，确立一个正确的目标，没有正确的方向，再出众的能力也是没用的；没有正确的方向，再多的努力也是没有效果的。一旦确定了自己的职业方向，你就会清楚地知道，适合自己的职业究竟是什么，这是事业取得成功的重要前提。

第三节　就业与择业的两难

在找工作的过程中，有一个问题困扰着许多刚刚走出校园、准备在职场上大显身手的年轻人：到底是先就业、后择业，还是先择业、后就业？若盲目倡导“先就业、后择业”，容易引发年轻人草率就业，即使就业了，又会频繁跳槽。而如果盲目推崇“先择业、后就业”，那么暂时的失业现象以及求职者的生计困难又会接踵而至。

很多人对“先就业、后择业”这句话有一种误解，以为择业就是找一份工作。很多人不知道自己能做什么，怕找不到工作，于是就想先就业、再择业，从而病急乱投医，什么行业的工作都找，匆匆忙忙地找了家单位就签下来，结果发现自己不适合这份工作。其实择业应该理解为选择就业方向，而不是一份工作那么简单。

然而，单纯片面强调“先择业、后就业”也是不妥的。年轻人心气高，往往会有些小骄傲，总觉得自己能找到更好的工作，一味抱定了“先择业、后就业”的态度。而在人才济济的今天，大学毕业生已不再是“天之骄子”了，如果年轻人对于严峻的就业形势完全不理会，好高骛远，挑三拣四，那就只能眼睁睁地看着机遇溜走，从而也给本来就严峻的就业形势带来更大的压力。

小张是传媒大学的一名本科毕业生，大四一开始，她就把所有的精力都花在找工作上。现在马上就要毕业了，小张的工作仍然没有着落，她的心情一天比一天低落。刚开始，她还有点挑，心想自己是名校毕业生，不太满意的工作自己可不做。她也懒得投简历，坐等企业找上门来，主动浏览她的简历，给她打电话。可最近，她急了，眼看其他同学都有了落脚点，自己依然没有找到满意的工作。特别是前一阵子，与她同时毕业的表姐在外贸公司找到了一份不错的工作，现在家里人把所有的目光都集聚在小张身上，她备感压力。对于她来说，眼下能有一份工作就好。全家人也都为她的就业问题着急，大家观点各不相同，父母认为她应该先找一份工作做着，至少有个保障，能养活自己，先就业再说。可一旁的叔叔却认为，现在找份工作已经不是什么大事，找份好工作最重要，何况小张是名校毕业，只要耐心找找就能找一个理想的公司，然后从底层做起，省得以后还得跳槽、换新工作，现在应该宁缺毋滥。听了父母和叔叔的话，小张自己也没了主意。

实际上，像小张这样对就业还是择业不知如何选择的人很多，可能年轻人刚刚步入社会，暂时没什么目标，这可以理解。但是，我们必须要明白的是：不能盲目地选择，也不要人云亦云，每个人的情况各有不同，首先要了解自己的理想、价值观以及兴趣、性格、能力等，根据这些方面情况，再结合自己所学的专业和当前社会就业形势，制订一个职业生涯的规划，然后再去找工作。没有定好位，就不要茫然地去找工作。

小崔也是位刚刚毕业的大学生。他在大学里学的是计算机专业，主要是编程。刚开始学习这专业时，他兴趣还蛮大，可到了后来一点兴趣都没了，眼看就要毕业了，是该认真考虑一下找什么样的工作、选择什么行业了。为此，他很纠结，因为他对自己的专业没兴趣，所以很多朋友都建议他去做销售工作，因为小崔性格开朗，能说会道，完全可以尝试这方面的工作。小崔有些动心，想放弃自己的专业，找一份销售类的工作，但是他又觉得这样选择很不甘心，好不容易坚持学习了四年的专业知识不能全白学了。

后来他决定依然从事本专业的工作，就这样，毕业半年了他还没有找到工作，眼看周围很多同学都找到了工作：销售的，编程的，行政的，等等，各个行业都有。他越是着急就越是和自己较劲，依然不改初衷。就这样，又一个月过去了，他终于找到了与专业相关的工作，这份工作没有想象中那么辛苦，每天做的都是简单的工作，天天围着办公室转。一段时间后，他觉得工作越来越枯燥无味，人生梦想似乎离自己越来越远了。最近这段日子，他一直在考虑换工作，可是如何选择他还是不知道。

就业与择业的两难使我们缺少了主见，一会儿宁愿放弃所学专业只要高薪就好，一会儿又感到放弃所学专业可惜，不论找多久也要找到完全和自己专业吻合的；一会儿不甘心做一些无聊的机关工作而想到基层去施展才华，一会儿又担心在基层生活条件艰苦，自己撑不下去；一会儿想到外资企业赚大钱，一会儿又想找个一步到位的“铁饭碗”。这些想法动摇着无数职场中人的心。

其实，就业、择业哪个更重要不能一概而论。人在职场中摸爬滚打本来就是在不断的就业与择业的相互交替中进行的。面对严峻的就业形势，正视就业竞争是必要的，而什么叫明智的选择？切合实际找准自己的位置，认清就业形势就是明智的选择。因为只有找准自己的位置，才能少走弯路；只有认清就业形势，才能以一份平和淡定的心态来不断提高自身的能力，明确努力的方向。

大学本科毕业生小孙就做到了这一点，他认为不管是先择业还是先就业，首先要认清自己，要知道自己想做什么，适合做什么，根据自己的性格、能力、兴趣选择适合自己的行业或职业范围，有针对性地锻炼自己的能力，从基础做起，充分发挥自己专业特长，不应当匆忙地为就业而就业，也不能为了择业而错失好机会。同时结合实际，看清社会形势，然后再作出选择。我们可能一开始会有点茫然，但通过仔细的分析和思考就会发现，的确不能随便选择，必须要综合考虑，慎重选择。可以从基层工作开始做起，慢慢积累经验。有了这个好的开始，就可以为将来的发展奠定基础了。

到底是先就业，还是先择业？其实两者并不矛盾，解决就业与择业的两难境地，需要我们找到结合点。每个人的条件不尽相同，条件的差异对个人就业的影响也不一样，关键是要审时度势，准确把握和衡量自己在就业竞争中所处的位置。有的大学生一时找不到适合自己专业的工作，当然是先就业、后择业，先找份工作积累经验，然后再图发展。这样的人不在少数。

还有的大学生面对严峻的就业形势，甘愿从基础工作做起，这样既人尽其才，学用结合，又能为企业贡献智力，“既就业，又择业”，可谓两全其美。有的大学生为了实现自己的职业规划，在对自己进行认真分析后选择了继续深造。这些都是明智的选择，因为他们不是盲目的，而是根据实际情况有计划、有目标地进行选择，值得面临就业的大学生们或刚走出校门的毕业生们学习与借鉴。

第四节　为最重要的决定作准备

在就业前，选择什么行业是人生最重要的决定。在对行业进行选择之前，一定要作好充分的准备，去争取和创造机遇。那些成功之人都是提前作准备的人，他们在很早的时候就已经知道自己想要什么，然后一步一步地实现自己的梦想。

不论是将要毕业的学生，还是已经有了一些工作经验的求职者，都要有所准备。如果你是将要毕业的学生，那么你需要在完成学习任务的情况下，争取更多的机会来培养一些适应社会需要的实际应用能力，这样将来找工作时就不会被突发状况搞得措手不及。如果你已经有了一些工作经验，当你重新作决定时更要作好准备，人的一生中可重新选择的机会并不多。在现代社会中，各类行业对从事本行业的工作人员，除了要求具有合理的知识结构以外，还要有较高的行动能力、人际关系能力以及心理素质等。当你在以上几个方面都作了全面的准备后，你会惊喜地发现：自己在求职择业中会立于不败之地。

若想找到一个适合自己的行业，并能在这个行业里大展宏图，实现自己的价值，首先要做的就是从宏观上了解国家的有关政策，从微观上了解该行业的基本情况。我国社会正高速发展，各个行业都在发生着巨大变化，比如经济管理、金融等行业在五六年前是热门行业，但是近些年这些行业却冷了下来，社会需求量也相对减少，这就给就业造成了困难。很多行业都在不断地调整和改造。所以只有正确分析自己所处的求职地位，把握形势，进而积极主动地适应行业需要，才能闯出一片属于自己的天空。

付刚是本科双学位毕业，在一家国有电子企业的销售部门工作。他的工作能力非常出众，在28岁那年凭借出色的销售业绩为自己赚回了一套三室两厅的房子。后来觉得公司已经无法提供给自己更大的发展空间，他决定一人到北京闯荡。可是，离开熟悉的城市、熟悉的行业，来到陌生的环境，他并没有作好准备。首先，他没有足够的心理准备，离开国有企业，来到竞争激烈的民营公司，他的心理落差非常大。公司的人际关系比较复杂，而且工作压力也比国有企业大很多，对新环境的不适直接导致他的工作业绩没有以前出色，得不到领导的重视。其次，他从事的新行业虽然和大学的专业相关，而且他也有相应的工作经验，但是电子行业可谓瞬息万变，原来所在的国有企业和民营公司的侧重也各有不同。虽然已经在北京两年了，但他依然没有稳定下来，不停地更换工作。现在他越来越消极，情绪越来越低落，打算回去休养一段时间再重新找工作。

付刚曾经在自己的工作领域中有过出色表现，为什么在重新择业的两年里没有找到适合自己的工作呢？他虽然作出重要的择业决定，但是不论从心理上还是行动上显然都没作好准备。以此为鉴，当我们决定重新择业的时候，一定要学会调整自己的心态，要有充分的心理准备承受未来可能遇到的困难。因为很有可能在短时间内你找不到适合自己的工作，或是你暂时融入不到新的环境中，更可怕的是你还有可能发现你的重新择业是个错误的决定。这时，保持良好的心态就显得尤为重要了。另外，时代在变，已经积累的经验固然重要，但是仅仅靠过去的经验是无法在今天的社会站住脚的，所以，应当注意随时关注行业知识的更新，不断学习与提高。

职业生涯有限，我们没有多少机会重新来活。每一个刚刚踏入社会的年轻人以及那些中途调整职业的人，都必须作出一项重要决定：你将选择什么行业去发展？而这不是一个轻易就可以作出的决定，它关系到我们以后的人生，必须做好充分的准备，才能保证万无一失。总之一句话：与时俱进，时刻准备。

小吴学的是工商管理，而且口才不错，很快在一家公司找到了工作。工作了一段时间之后，她觉得工作枯燥无味，于是辞去了现在的管理工作，到一家电脑配件公司做销售。可是不到一个月的时间，她又辞职了，因为她根本没有为新的工作作好相应的准备与心态调整。一天，公司来了一个客户，需要一种型号的电脑配件产品。于是经理让她到公司仓库里去拿，当她到仓库时才发现那个型号的产品比较重，她搬起来非常吃力。于是她拿起电话就拨到公司说："太重了，找个人来帮我。"结果接电话的是经理。不到一分钟，经理亲自到仓库把产品拿给了客户，并且批评了她几句。下午，她就辞职不做了。原本做管理工作的她，还没有准备好从管理岗位换到被管理岗位，有这样的心理落差也就不足为怪了。

其实，很多人都不可能在一个公司甚至一个行业中工作一辈子，要走向成功就要抓住机会，适时调整，作好准备。在竞争激烈的求职场上，有人过于骄傲，当受到打击时便一蹶不振；有的人因自己专业知识、职业技能不如其他人，职场工作屡次受挫，过于自卑，往往不能适当地向用人单位展示自身所长。这些都严重影响了我们作出正确的决定。除了要调整好心态之外，我们还要不断学习，充实、丰富自己的专业知识。还有，一个人的成功和能力是分不开的，包括专业能力、系统的学习能力、实践动手能力、社交与合作能力、组织管理能力、开拓创新能力等。我们应积极锻炼各种能力，以适应社会的需要。最后，别忘了，成功不是一朝一夕的事，具备良好的身体素质和健康的体魄是成功的基础，它能保证我们有更充沛的精力来服务于重要的决定。

工作是人们社会生活中最重要的活动之一，因此，对未来行业的选择意义重大。虽然我们的择业意识在不断提高，但面对日新月异的社会发展和风云变幻的经济环境，我们必须作出相应的改变以适应形势的变化。管理大师彼得·德鲁克曾说："对你而言，你所做的工作选择是正确的概率大概是百万分之一。如果你认为你的第一个选择是正确的话，那么就表明你是十分懒惰的。因此，你必须通过大量地、不断地搜寻和转变，才可能发现一条从心理上和经济上都令你满意的职业发展道路。"

社会的迅速发展为择业提供了新的机遇，也提出了新的要求。要选择正确的道路，作出正确的决定，我们必须从现在起就作好相应的准备。要充分认识现代社会对个人心理知识、能力等各方面的要求，方方面面都要准备好，这样才能选对行业，从而走向成功。

第五节　找到那个能让你成功的行业

拿破仑说过："世界上本无废物，之所以成为废物，只是放错了地方。"大家都在职场中打拼，有的人能功成名就，有的人一直默默无闻。对于很多人来说，"找到一个能让自己成功的行业"是一个比较困难的问题。很少人在意这些东西，大都是自由放任，到哪里就是哪里。

"我能在哪个行业里作出成绩，在哪个行业里能获得成功？"不是听别人说什么，而是要自己心里有数。从事什么样的行业才能走向成功，只有自己最清楚。摇摆不定的人永远都是迷途羔羊，他们宁可相信别人，也不相信自己。其实，不必看轻自己，要相信只有自己才明白自己最擅长什么领域。人只有找到了自己最擅长的领域，才能把自己的优势发挥到淋漓尽致，从而彻底地掌握自己的命运。相信自己是前提，你可以自由控制发展，这样你才可以更好地发挥你的能力，突出你的优势，有的放矢，运用自如。

从前，在法国有一个穷困潦倒的年轻人，独自流浪到他乡去找父亲生前一位富贵的好友，希望他能为自己安排一份谋生的差事。父亲的好友问他："年轻人，你有什么专长，擅长做什么？这样我才知道安排你进入什么行业。"年轻人羞愧地说："我觉得自己一无所长，想做很多事却都不敢去做，所以迟迟找不到工作。"父亲的好友说："先写下你的地址吧，等我给你找到活儿了通知你。"年轻人把自己的住址写下，刚想转身离去，却被父亲的好友拦住。这位老人缓缓说道："年轻人，你怎么说你没有特长呢？你的字写得多好啊！"年轻人略显诧异："字写得好也算是特长吗？""当然了，这世上只要你有一样事情做得好，那就是特长，字写得好当然也算了，任何你擅长的事都是你事业成功的资本。”

年轻人听完后大受启发，他发现了自己的特长，自信心大大增加。很快他的特长发挥了作用，他在一所中学找到了一份老师的工作。他开始越来越注意自己擅长什么，天赋在哪里。年轻人慢慢发现自己擅长文学方面的创作，并开始发挥这个特长，走上了文学之路。他就是法国鼎鼎大名的作家大仲马。

很多人只会羡慕别人的成功，叹息自己没有那样的天赋，却不懂得人各有长，一味地模仿、复制别人不可能获得长久的成功要认真分析自己最擅长什么，什么能力最强。所以说，人一定要有自信去发现自己的长处，都说“天生我材必有用”，每个人身上都有优点、有擅长的事，在找工作之前，一定要先找到自己的特长所在，才能找到能让你成功的行业。

鲁契亚诺·帕瓦罗蒂生于意大利摩德纳市郊一个并不富裕的家庭。父亲当过面包师，母亲是雪茄烟厂的女工，但他们都酷爱音乐，他的父亲还是当地颇有名气的业余男高音。帕瓦罗蒂天生有一副好嗓子，他出生时的第一声啼哭就惊呆了医生和父母，因为他们从未听过如此高亢嘹亮的哭声。帕瓦罗蒂早年做过小学教师、保险推销员，但他从未中断过对歌唱艺术的追求。他没有像父母一样，把自己的音乐天赋当做是工作之余的自娱自乐，他知道自己最擅长什么领域，在哪个领域里他才能成功。26岁的帕瓦罗蒂在阿基莱·佩里国际声乐比赛中荣获一等奖。就在同一年，他首次踏上了歌剧舞台并成功演出，从此便开始了他光辉灿烂的歌剧生涯。在生命走到尽头的时候，帕瓦罗蒂说：“我认为生活在音乐里的生命，是一段美丽的乐章，我的一生就是要奉献给音乐的。”

“我究竟擅长从事什么职业？”这是我们在选择行业时要思考的问题。也许答案不一定很明确，因为大多数人不见得像帕瓦罗蒂那么幸运，几乎从生命的第一刻就发现自己擅长什么。很多情况下，我们要经过一番辗转，才能找到自己擅长的领域。刘翔是跨栏冠军，乔丹是飞人，巴菲特是股神……他们之所以成为名人，就在于他们都是在做自己最擅长的事情，他们能够找到能让自己成功的那个行业。

我们作职业规划的目的，不是要你变成另外一个人，别人能成功的领域不一定适合你。搞清楚自己的优势在什么地方，最擅长的领域是什么，怎样成为最好的自己，才是我们规划人生的初衷。从事自己擅长的职业，会让自己的能力得到充分的发挥，会让自己的工作有事半功倍的效果，会让自己更有成就感。但是我们每天都在忙东忙西，很少能静下心来思考这些问题。每个人的能力不同，每个人的性格也不同，因此每个人的特长也大相径庭。不要羡慕别人的长处，不要绞尽脑汁地琢磨怎样在他所能成功的领域复制成功，成功是做最好的自己。

最近团购日渐红火，团宝网、拉手网、24券、满座、糯米等团购网站风起云涌。分众传媒每天覆盖2亿多上班族，条件充分，做团购网站再适合不过了，但是董事长江南春多次声明不会做团购，他解释说："分众传媒所经营的媒体网已经覆盖100余城市、数以10万计的终端场所，日覆盖超过2亿的都市主流消费人群，若分众传媒涉足团购，必定会给团购市场格局造成一定的冲击。"重要的是，分众传媒不会做自己不擅长的事，分众传媒会选择播放团购公司的广告，帮助他们开发用户资源，同时也分享了团购市场高速发展的价值。团购网站每月的广告投放额达上千万元，这可是广告界的一块肥田。而这正是分众传媒最擅长的经营领域。

一个人可能喜欢很多事情，正所谓爱好广泛，但是并非所有爱好都是擅长的。只有做自己最擅长的事情，才能在这个行业更好地发展，才最容易成功。有的人、有的企业就是因为不顾自己的客观条件，不仔细分析市场，盲目地把市场机会完全等同于自己的机会，结果走了弯路，甚至撞得"头破血流"。做自己最擅长的事，分析你拥有的经验，会让你在很多事情上得心应手，助你更快地走向成功。

聪明的人总会去做自己擅长的事情。一个人一定要能够明确自己的长处和短处，懂得扬长避短，做自己最擅长的事。否则就算我们再努力，顶多也就是不会被别人落下太远，要想出人头地、获得成功，则是很难的。

第六节　明确自己的行业定位

波谲云诡的职场存在很多不确定的因素，未来也充满了各种新的变数。所以，我们必须要学会给自己一个明确的定位，使自己稳定下来。如果你不主动定位，就会被别人和社会“定型”。一个人无论年龄多大，在职场中工作多久，他真正的职场人生是从行业定位开始的，以前都只不过是在绕圈子而已。一百个人中，可能只有一两个人清楚自己的一生要做什么，并且有可行的计划，去有力地实施，他们都是各行业的领导者。如果你还在不停地奔走，没有什么大的发展，那就要审视一下自己的行业定位了。如何定位自己的人生，如何实现自己的计划，有多少途径来实现自己的计划，这些是我们在踏入一个行业前要仔细思考的问题。

准确把握自己的行业定位是作好职业生涯规划的首要环节，它是一个人职业生涯的“镜子和尺子”，可助你看清自己的职业倾向，指导未来五至十年的职业积累和发展，也可以解决“什么行业适合自己”的问题。若想在职场中占得一席之地，最根本的就是要规划好自己的职业生涯。只有拥有了属于自己的职业规划，并且清楚自己的职业定位后，才能真正找到自己的职场之路。确定了行业定位，还需要针对这种定位制订明确的、可实现的目标和计划。

李平是某名牌大学计算机专业的毕业生，今年快30岁了还没有找到自己要做的行业。他大学毕业后的第一份工作是在一家小型软件公司从事软件开发，但是由于大学期间他每天对着电脑写程序，日复一日，已经到了麻木的程度，现在在电脑前已经没有创意和灵感了。所以，在第一家公司只坚持了一年，他就干不下去了，辞职离开了。后来，他应聘过其他行业的不少职位，但都没有成功。他是名牌大学毕业，学的又是热门专业，应聘与专业无关的工作职位却又没有相关的工作经验，这就导致许多用人单位都担心他转了行后是否能够坚持下去，所以都没有给他很好的机会。周围的朋友都劝他别折腾了，还是从事老本行，省时省力的不是很好吗？几经辗转，他进入了一家大型IT公司，主要工作仍然是软件开发。虽然这次职位有所提升，是公司的开发主管，但是，这并没有使他得到什么新的灵感，只是工作环境、合作团队发生了改变，从第一家小型软件公司换到了合资上市公司。对于这些改变，他仍不满意。几个月后他决定辞职，这次辞职后他没有太在意周围人的说法，对职业定位迷茫的他希望能够用一点时间好好思考，找到一个合适的切入点，重新进行定位。

行业定位的确是职业生涯规划中的一个重要环节，每一个职场人士都必须谨慎对待。定位时我们首先要考虑自己的兴趣是什么，兴趣在行业选择中起着非常重要的作用。如果一个人所从事的行业恰好符合自己的兴趣，那他的全部才能会得到充分的发挥，并能长时间地保持高效率的工作状态而乐此不疲；反之，一个人对他所从事的行业毫无兴趣可言，试问他在这个行业能坚持多久呢？

再次就是要认识自己的能力有多高，有多大力量就办多大事，充分了解和认识自己的能力会让你在定位的时候不会“跑偏”，既避免了大材小用，也提醒自己不要太高估自己。做和自己能力相匹配的事才能有更好的发展。

影响自己行业定位的还有一个关键因素就是自己的性格，不同性格的人能在不同的行业找到自己的天地，如果你的行业和你的性格严重不符的话，你工作起来会觉得力不从心。例如，让一个性格非常内向的人去做推销或去卖保险，可能他连别人的大门都不敢敲，那他怎么从事这个行业，怎么在这个行业有长远的发展呢？也许你会说人都有开始吗，经过一番锻炼后也一样可以。如果是这样，恐怕就要花费很长的时间和精力了。精力分散，只会导致自己失去优势地位。与其这样，还不如找一个适合自己性格的行业，做起来更得心应手。

赵梅从财经学院毕业后选择去国外进修三年，回国后在一家跨国公司从事着自己很感兴趣且专业对口的财务管理工作。虽然只是助理工作，可是她做得很舒心，工作效益也不错，一年了几乎没出过什么错，深得经理的重视。而且她个性鲜明、开朗大方、心思细腻，和同事相处得也很融洽。她对自己的财务管理能力很有自信，也试着请求领导让她独立负责一些财务工作，以锻炼、提升自己。就这样，赵梅在工作两年后就升为财务部门的主管，把自己的事业打理得井井有条。

领导都说小赵年纪轻轻就做到了主管，将来一定大有作为。她之所以能使自己的事业蒸蒸日上，是因为她给自己的行业作了明确的定位。你定位准确，合适的用人单位就会招聘你，你的上司也会有心培养你，你的所有关系也都会有意无意地帮助你。职业中的诱惑越来越多，竞争越来越多，如果你不能给自己正确定位，那么就有可能错失良机，从事不适合自己的工作。

有句话这样说："有了定位，内心的力量才会找到方向，漫无目的的飘荡终归会迷路，你内心那座无价的金矿，也终因不开采而与平凡的尘土一样。"定位准确，你的职业生涯会有持久地发展。很多人事业上发展不顺利不是因为能力不够，而是选择了并不适合自己的工作。很多人并没有认真地思考一下"我是谁，适合做什么"，也因为不清楚自己要什么，而无法体会如愿以偿的感觉。要成就什么样的事业，就要做什么样的打算和计划。不同的行业、不同的人，其发展规划也不相同，从而也会走上不同的发展道路。那些成功的人都是时时为自己的事业作不同定位的人，因此才能持久发展，逐步走向成功。

只有在准确定位的前提下选择职业才会有可持续发展。许多人往往都处在一种定位模糊、目标不明的状态，对于"自己能干什么"、"想从事什么行业"等问题，他们从来没有认真思考过，这就意味着找错了大方向，走了弯路，这样的话改变起来很难。作好行业定位对个人的职业生涯规划至关重要，这个定位必须是经过认真分析的，它的每种结果都必须是认真评估，符合自身特点与实际情况的。只要你对自己有一个清醒的认识，能够准确定位、明确职业规划，并且具备有效解决问题的能力，那么你就可以轻而易举找到自己的成功之路。同时坚持选择的方向，充满信心，并愿付诸行动，那么你就一定可以享受到成功的喜悦。

第七节　一份有前途的工作

由于种种原因，我们所从事的工作并不理想或专业不对口，这些都不影响你的成功，关键在于你选择的工作是否有发展前途，职场前景是否广阔。不论是刚刚进入职场的新人，还是重新选择职业的过来人，学会考虑得多一些，思考得深远一些，职场生涯一定可以走得更长远。

在求职时，人们看重薪酬期望是正常的，但是想要有“钱途”，注重行业的发展前景和用人单位的背景更重要。有眼光的人不仅盯着高薪酬，他们更注重公司的发展潜力、一份工作的前途。没有发展前途的工作就算诱人，也无法改变穷途末路的命运。在这样的工作上浪费时间又有什么意义呢？

刘洋马上要大学毕业了，找工作成为眼下最重要的事情。这个月他参加了招聘会，各行各业的公司都在招聘，究竟选择什么行业呢？这让他很苦恼。他学的是物流专业，和他专业对口的只有几家快递公司。刘洋起初表示他不想去快递公司，虽然其中不乏中外合资的企业，但一听去快递公司工作，别人都觉得只是个送快递的，他的心里就直犯嘀咕。而同专业的赵英华依然决定去应聘快递工作，她说：“开始我也在犹豫，搞不清楚这个行业到底好不好。后来经过多方了解，我发现，物流行业目前在国内是朝阳行业，而且他们的工作环境、工资待遇还不错。虽然刚去公司可能得从基础做起，但这一点并不十分重要。我重视的是这份工作有没有发展前途。我应聘的这家公司对每个职位都有合理的晋升规划，比如你最初做快递员，有了一定基础后可以做销售分析师、路区销售代表、全国客户及业务发展专员、全球大客户经理，这样一步一步地发展。”

这家快递公司计划经过两到三年的时间对应聘人员进行培养，让这些人可以成长为企业中层管理的后备人员。该公司领导表示，其实说起送快递，许多人都有误解，快递不是简单的拿货送货，要懂一些运筹学的知识，要懂得高效率的沟通，外语水平也要高。快递行业在国外发展得已经非常成熟了，甚至成为了支柱型产业。随着全球化的扩大以及互联网的发展，我国的快递行业和物流行业正发展得越来越好，前景不可估量。某些国际知名快递公司的职业发展空间也十分巨大。

所以说，就业不是找一份薪资还不错的工作就可以了，因为你的职场生涯还要继续向前走，要能够长远地发展。就业需要进行观念的转变，在看“钱景”的同时更要考虑这份工作的未来发展怎样，一时的“钱景”在你的职业生涯里不算辉煌，一份有前途的工作才能让路走得更长远。

秦骏骅大学毕业后来到了中兴工作，当时有几家公司的条件待遇都比中兴要好，但是当年中兴是中国最早提出国际化战略的企业之一，为了加快海外市场的发展速度，中兴开始选拔优秀员工到海外工作。秦骏骅心里清楚这是自己事业发展中不可多得的机会，虽然暂时职位低、待遇低，但是只要肯努力，在中兴一定会有长远的发展，他有这个信心。经过几年的努力，他的技术水平和工作能力都有很大的提升，被公司派到巴基斯坦负责CDMA项目工程的开通维护。而今，在中兴，他带领的团队有100多人，正在负责一个总价值近四亿元的大型项目。

“整合全球资源，积极选择、认真培养、放手重用年轻人的思路，已融入了公司的核心文化。”这就是中兴吸引人才的根本所在。现在许多求职者在找工作时都越来越重视持续性的发展，都希望能找到一个有发展前景的公司。的确，在这样的公司可以学到很多东西，对未来的发展很有帮助。应聘者注重职业前景，用人单位在招聘策略上也有所调整。一方面，用人单位对人员的招录更挑剔了，条件要求更高了；另一方面，他们也大力宣传企业及其行业的发展前景，以此吸引更多的人才。

小严参加工作已经三年了，他找的第一份工作是在一家国企做库管员。这份工作轻松自在，工资高待遇好，他很得意，别人也很羡慕。可是三年后，他还是库管员，和他同时入职的几个同事都已经做了小组长。而当时工作不如他的同学现在升为经理的、自己开公司的、国外进修的不在少数。小严的职场发展前景不是很乐观。现在他已经辞职，决定找一份发展空间较大的工作，他说："现在我找工作，职业前景是必须要考虑的重要因素之一。"

小严的翻然醒悟告诉我们：一个人不能把自己的未来局限于眼前的利益，一定要能够洞察出一份工作的发展空间。有的时候选择行业的确有一定的难度，比如，一些特定的行业具有一定的不可预测性，可能一开始工作时没有非常好的发展，慢慢地才会发挥出潜力来。这就需要认真调查分析了。

我们在选择工作之前，都要问一问自己：我所选择的这个行业、这个职位的前景在哪里？从实际生存来看，在选择职业时，考虑"钱景"是必要的，但不能一味地重视"钱景"而忽略自己的职业前景。理想的职业应该是既有广阔的发展前景，又能不断提供成长机遇。

第八节 获得更多的行业知识

人生如逆水行舟，不进则退。甘于现状的职业生涯就如一只不再前行的船，再也无法追上时代的潮流。职业生涯的发展就像高楼万丈平地起，只有打好基础，并不断地积累，才能建设起事业的大厦。竞争激烈的职场对于各种人才的素质要求越来越高，如果你的行业知识面太窄，那么择业时你便没有竞争优势，实际工作时也会影响自己的创造能力。

所谓“吃一堑、长一智”，职场中所有的经验都是积累而来的。在你的职业发展过程中，每经历一件事情，你都有一次极好的直接学习的机会，来为今后的发展积累财富。不断吸收行业经验是必不可少的。随着现代科技的不断进步和社会的飞速发展，任何一个职场中人除了要精通自己专业范围内的知识，并在实际中有效地应用外，还要了解并掌握与本行业相关、相近的若干专业知识和技术，也就是要拓宽知识面。俗话说，万物皆有可学，事事皆有学问。当你明白了这一点，你就会在面对一个行业的时候，有意识地从中学习知识与技能，增长你的经验和智慧。

老钱原来是一家工厂一名普通的检修工，年轻的时候家里贫穷，没有条件上大学，18岁的时候他就到这家工厂打工，一干就是20年。后来，工厂里来了许多大学毕业生，他们掌握很好的专业知识，但是老钱的工作业绩丝毫没有被埋没。老钱深知自己的专业水平不如那些大学生，许多新的机器型号自己都没有接触过，所以必须认认真真地做每一项工作，从中学习专业知识。于是老钱就利用自己的业余时间努力学习，对每一台新机器从说明书开始到每个零件他都认真研究。同时他还积极学习一些新的操作技术，以前的机器都是人工操作，现在都是电脑系统操作，老钱知道：若不想被淘汰出局，全面地学习新的行业知识是必须的。老钱找来各种业务书籍，认真钻研，仔细记录，如遇到问题，他就虚心请教，不论何时何地，直到把问题弄懂。整个行业有什么新的动态、新的技术，他都及时关注。就这样，只要一有时间，老钱就恶补科学文化、专业知识，钻研如何提高工作技能。三年以后，这家工厂改革成股份公司，许多人都离开了，但是老钱表示他仍然要留在这个行业里，他觉得自己在这个行业里越干越舒心。如今45岁的他是这家公司的总经理，他一直这样说："自己技术再好，浑身是劲也不能完全派上用场，只有让更多的人掌握了技术，公司才会发展得更好。"在他的带领下，大家都积极学习，不断提高，公司业绩在同行中名列前茅。

对于一个行业，掌握其知识、了解其信息越多，我们也就发展得更为顺利。同时，在短时间内尽可能地多了解一个行业的专业知识与信息，也可以让我们尽快看清楚自己是不是适合这个行业，从而少走弯路。这就是知识的力量。成功者都是在扎实的行业基础知识和广博的知识面的基础上，对专业知识与技能精益求精，从而成为某一行业、某一领域造诣较深的专家。当然，知识的广博性并不是要求人们都要成为全能人才，而是强调知识面不应过于狭窄。

求职者无论选择何种职业，向哪个专业方向发展，都少不了扎实的基础知识，特别是随着科技和经济的高速发展，社会产业、行业、职业结构调整的速度必然加快，我们在择业、就业上要适应这种变化，必须依靠扎实的行业知识。人们经常会问那些成功的人为什么在那些领域成功了，是依靠什么弥补了自己的不足。其实，所有的成功都在于人们充分运用了自我的优势，同时也看到自己在一个行业中的渺小和不足，不断地吸收行业知识，从而让自己壮大起来，这就有了成功的基础。

小周大学学习的是食品专业，她的梦想是做一名调酒师，她觉得这个行业很酷，做起来似乎也很容易。于是毕业后她来到一家酒吧做学徒。一段时间后，她发现自己在学校里学到的那些知识远远不能满足调酒这项工作。首先，要掌握酒水知识，包括各种酒水的产地、特点、制作工艺及饮用方法等，并能鉴别酒的质量、年份等。其次，相关的储藏保管知识也要了解，同时，设备和用具的使用要求、操作过程及保养方法都要掌握。再次，调酒还要了解饮品的营养结构，酒水与菜肴的搭配以及饮料操作的卫生要求。更重要的是还要掌握主要客源的饮食习俗、宗教信仰和习惯等，这些都是书本上没有的知识。而且出色的调酒师要做的是让顾客在物质和精神上都得到满足，这就需要以客人的感受、心情、需求为出发点来向客人提供服务。专业知识加上实践经验才是完备的行业知识，这些都是需要学习的。小周终于明白，这并不是一份简单的职业，要想成为一位出色的调酒师，她仍然需要努力。

若想使自己的行业知识有一定的深度和广度，就要有质和量的要求，对理论体系、研究方法、国内外最新信息等都要了解和把握。同时，对与专业邻近的领域的知识也要有所了解和把握，善于将自己所擅长的领域与其他相关知识领域紧密联系起来。行业知识的深度与广度的增加靠的是平时积累。每一个职场中人都应抓紧每一秒钟的时间来学习，要明白学习不是学生的专利。工作也是一个学习的过程，知识来源于我们工作的时时刻刻，如果能坚持数十年，那么我们所积累的知识就是无限的。

随着当今科学技术的飞速发展，社会生产发生着翻天覆地的变化。与此同时，各类行业都在发生新变化，对就业者和求职者的知识结构和行业技能的要求也越来越高，这就要求准备求职与择业的人应努力锻炼和提高自己的行业知识，以便在求职与择业的竞争中得心应手、出奇制胜。

第九节　面对现实的选择

在强大的就业压力面前，越来越多的求职者感慨自己“怀才不遇”。这就是理想与现实相冲突的问题。人生之路中坚持着你的理想固然重要，但是你要看到现实，结合现实情况进行选择才是明智的。

在作职业选择和规划时应保持清醒的头脑，怀揣理想，也要重视现实。成就实现与否取决于理想境界的高度，没有远大的理想自然没有进取奋发之源。然而面对严峻的现实，我们也要降低姿态，从一点一滴做起，有规划地慢慢向心中的理想迈进。

王远是财经大学本科毕业，学的是金融贸易。他毕业后，父母托人在老家为他找到了一份比较稳定而且待遇也不错的工作。但是，他梦想将来成为金融界的巴菲特，回到小城市谋求一个小职位决不是他的人生目标，何况他是金融专业的高才生，在校成绩优秀，他相信凭借自己的实力完全可以在大城市找到一份理想的工作。于是他和同学结伴来到深圳，希望找到更好的发展机会。到了深圳后，王远开始紧锣密鼓地张罗自己的工作，他开始有选择地投递简历，因为他只想去实力雄厚的大公司、大企业，而且还想谋划个一官半职，所以他投递的公司几乎都是世界500强企业，职务都是主管以上级别的。来到深圳一个多月，他的简历投出去30多份，获得面试的机会才有3次，而面试后也杳无音信。一向自信的他面对强手如林的职场现实，不禁有点茫然了，当初那么令大家羡慕、父母骄傲的他为什么在职场之路上走得这么不顺呢？他一直接受不了理想和现实之间的差距，难以决定到底是留下来还是回家去。

其实，对年轻人来说，理想就是梦想，有理想就意味着对明天充满了追求与渴望，对未来充满了憧憬与向往。但理想不是空想，要讲求实际，想要成为巴菲特那样成功的人决不是一朝一夕就能做到的。理想和现实就像两个同心圆，是互相包含的关系，小圆象征着现实，大圆象征着理想，人生就是努力从小圆到大圆的过程。要实现现实与理想的跨越，我们就要面对现实，忠于理想，脚踏实地去慢慢实现。

许多求职者在找工作时总想一步到位，其实谁都想找那些工资高、工作轻松、上班地点不太远的工作，这没有什么不可以，但在现实中，这样一步到位的好工作确实不多，如果你坚持把职业目标定在这里而不肯有丝毫改变的话，那你的选择面就大大缩小了，你也会因此而错过许多好公司。而就算你费尽九牛二虎之力找到了你觉得理想的工作，我们也常常可以看到，这些一开始认为自己找到了“一步到位”的工作的人，干了不到半年就后悔了，认为自己的选择是错误的，不得不重新选择工作。所以在选择工作、选择行业时，不能太理想化，人活着就得面对现实，当你有能力把现实应对好的时候，就有能力选择理想的行业了。

40岁的冯先生本是一家国有企业的销售经理，但是企业重新整合，引进了许多新的观念、新的知识、新的管理模式，这让一些吃老本的人无法再继续担任领导者，冯先生只好辞职了。辞职后他一直没有找到新工作，已经有一段时间没有收入了。朋友问他：“现在招销售人员的公司非常多，你怎么没去试试？”长期在国有企业中身居要职，冯先生已经习惯将自己定位在销售经理的高度，并始终认为他就应该处在高职位和高收入的水平。所以冯先生这样回答朋友：“不是我不去，一般公司的销售经理都要求掌握完全的信息化管理，我哪懂这些呀，我总不能从销售员做起吧，一个月才800元的底薪，给我三个800元还差不多。”生活中像冯先生这样有理想主义的人确实不少，不愿做日常平凡工作，即使是现实要求他们作出让步时，他们也不肯降低自己的标准。这些人错就错在没有摆正自己的实际位置，没有结合现实情况而作出了错误的定位。其实，当你面对的现实要求你不得不作出让步时，你就要学会退而求其次，摆正自己的位置，脚踏实地地奋斗。其实没有完美的工作，每个工作都有它好与坏的两面，而社会中的个人一定要学会平衡和知足。

举一个简单的例子。大家都喜欢穿漂亮的衣服，然而没有漂亮的衣服怎么办呢？有谁会选择干脆什么也不穿吗？大概没有人会这么傻，我们往往会在自己能够选择的衣服中挑一件最满意的穿上。找工作也同样如此，找不到自己理想的工作难道就只有被动等待吗？现实生活中，可能只有一小部分人才会真正地靠自己喜欢的东西来赚钱、发展，大多数人都只能在理想与现实之间作一次妥协，但是这并不妨碍我们走向成功。把事情理想化，一味追求高薪酬是人们择业的盲点。不要盲目地想当然，尤其是年轻人还是要以提高自身素质为前提，不要盲目追求利益，理想也需要有能力来实现。

我们都希望找到一份满意的工作，然而，希望归希望，现实归现实。在客观现实面前，把工作的选择、目标的实现理想化，希望便容易变为失望。改变理想和现实之间的距离靠的不是过分的自信，而是要不断提升自身素质，积累工作经验。“迷茫”是目前求职者使用最为频繁的词语之一。之所以迷茫，是因为看不清未来，看不清未来就会把握不住现在。实际上，看不清未来的原因并不一定是因为没有目标、没有规划，也可能是由于目标过多以致无所适从，规划太多而无法实现，因此也就更容易放弃目标，追热门、随大溜。

实际上，不从日常平凡的岗位干起，是很难在今后的工作中有所作为的。成功的人都是从基层一步步干起来的，都是在日常的工作中从小事一点点做起来的。试想，一个人连小事都做不好，又怎么能做大事呢？面对现实，做我们能做的是最好的选择。只要你能够保持积极的心态、冷静的头脑，立足于现实又抱有理想，不随波逐流，你就一定能作出正确的选择。

第十节 三思而后选

我们每个人都是在社会竞争中逐步成长的，每向前走一步，都伴随着沉甸甸的脚步。因为每一步都伴随着不同的选择，都说选择定成败，的确，在某种程度上，行业的选择决定着一个人的事业是否能够成功。因此，如何规划我们的职业生涯，走出一条完美的职业发展之路必须要三思而后行，慎重选择。所谓择业，不光是找到一份工作，更要明确自己职业发展的方向，选择适合自己的、从长远来看能够获得更好的发展的职业，总而言之，它意在选择，是主动的、自主的、有远见的选择，而非被动的、受支配的、盲目的选择，是经过全方位考虑后迈出的关键一步。

虽说世事难料，但凡事在选择时总进行一下前景预测还是不错的，即三思而后行为上策。不管怎样，一开始“择好业”很重要，今天一个看似不起眼的决定可能影响深远，甚至决定一生的命运。但是许多人都意识不到这一点。

有这样一则寓言。三个人被同时关进了监狱，服刑前，监狱长说：“我可以满足你们每人一个愿望。”甲不假思索地就说：“我要一箱雪茄。”乙生性比较浪漫，他带着调侃的口吻说：“我要一名美女与我做伴。”最后是丙，他想了一会儿淡定地说：“我需要一部电话。”三个人的愿望都实现了。三年后，三个人刑满释放了。最先走出来的是甲，没出门，他就迫不及待地嚷嚷着：“给我火！给我火！”惹得周围人哈哈大笑，他的嘴里插满了雪茄烟，整整一箱的雪茄他一支也没有抽成，原来他忘了要火。第二个走出来的是乙，只见他的左手牵着一个女孩，右手抱着一个女孩，后面跟着他漂亮的妻子，但是一家人都愁眉不展，光想到眼前的浪漫，却没想过以后怎样生活。最后走出来的是丙。他不慌不忙地走出门，然后紧紧握住监狱长的手说：“谢谢你给了我这部电话，有了它，我才没有中断与外界的联系，生意不但没有减少，比三年前还要红火。”

你的命运是你选择的结果，所以，择业一定要三思，其实就是要多想、多分析自己的优势、劣势，根据自身的条件进行选择。对行业的选择不是被动地找一份工作，不论干什么，只要挣到钱就可以，那样只是为了找工作而找工作，缺乏理性的选择和思考，会导致频繁地更换工作，浪费人生的美好时光。三思后再行才是正确的，综合思考自己的能力、兴趣和方向等之后，主动选择一份适合自己的工作。

赵洁毕业后，学校推荐她去一家国企做文秘工作，想赶紧找到工作的她欣然接受了。一段时间以后，赵洁发现自己越来越不喜欢这份工作，性格过于大大咧咧的她根本就不适合做文秘，尤其是国企的文秘，她觉得工作很没意思，很不顺心。看到周围有几个朋友也都辞职了，她就更加按捺不住了，于是不顾家人的反对，不假思索地就递上了辞职申请。然而辞职后该做什么她并没有想好，所以，赵洁至今仍没有找到一份合适的工作，依然每天奔波于人才市场中。

和她同时毕业的刘欣后来也辞职了。刘欣学的是电子信息专业，但她一心想从事文字编辑工作，于是她去了一家出版社做助理编辑。真正从事了编辑工作后，她发现文字处理工作很烦琐，而且感觉发展空间也不是很大。看到同班的好几个从事本专业的同学现在发展都不错，可自己现在还是一个小编辑，每天那么辛苦加班，实在没什么意思。纠结了两个月后，她便辞职去了一家电子公司，但她对这份工作也不是很满意。她说：“现在的工作虽然专业比较对口，但很枯燥，而且挣的钱也不如上一份工作多。”现在的刘欣非常后悔辞了出版社的工作，“要是让我再去选择，我一定想好了再去做，绝不会这么草率地就放弃了。”

人们常说，有四种抉择是无可奈何的：饥不择食，寒不择衣，慌不择路，贫不择妻。饥不择食常用来形容急于解决问题，顾不得有所选择。准备进入职场的人应尽量避免饥不择食的不智之举，慎重择业，根据自己的实际情况进行选择。同时工作需要学会适应和坚持，如果发现确实不适应再找新的工作。生活中不乏这样的人：本来很合适的一份工作，可他就是过于浮躁，没有恒心，工作起来没什么热情，总是觉得不如意，真正辞了职之后却发现再也找不到比这更好的工作了。

在作选择时要有长远的考虑，至少要想到作了选择后结果会怎样，选择后有什么打算，该做些什么，草率地决定只会让人后悔。三思而后选，这是一种态度，对你的职业生涯有着重大的影响。与目光短浅的人相比，那些对自己的生活和事业有长远规划的人，在思考和行动上往往更加明智。成功人士对自己的未来都有一个清晰的打算和规划，他们的选择从来不是盲目的、不假思索的，他们能够想好未来五年、十年的情景。所以，他们总是对自己当前的选择与行为作细致的思考，以确保它们与自己的长远目标协调一致。

张鹏对自己目前的职业发展状况感到很纠结。刚毕业的时候他不想进国企，他想：国企看资历，私企看能力，自己能力还可以，在私企可能更好，而且以自己的能力在两年内一定可以得到职位的晋升，可考虑到工作稳定性、福利和待遇等问题，他又犹豫了。后来，中石化的招聘信息让他眼前一亮：自己不正是石油大学毕业吗？欣喜之余，他匆忙签下了中石化。就这样，毫无准备的他可以说是幸运，也可以说是误打误撞而进了中石化。结果工作了一段时间后，他感觉压力非常大，而且中石化人才济济，要想有很好的发展需要很长一段时间的学习、锻炼与磨合。这和张鹏原定的晋升目标差距有点大，所以他现在很苦恼。离开中石化，他又舍不得这样稳定的工作；继续留下，面对这么激烈的竞争，可能自己的青春都要耗费在这里而没有机会大展宏图了。张鹏开始后悔自己当初没有认真思考就盲目地签了工作单位，如果有一个重新选择就业的机会，自己一定会认真思考后再作选择。

在进入一个行业、一个企业之前，我们一定要全面考虑关于工作的一切。首先，要考虑自己所选择的这个行业或企业是否能够给自己提供良好的工作环境，有利于自己的成长，为自己以后的职业发展奠定良好的基础；其次，要考虑行业的发展潜力，以及这个行业可以提供给自己的个人发展空间；再次，要考虑工作的稳定性和福利、薪资待遇等；最后，结合自己的兴趣爱好、自己的职业理想去作选择。

我们的生命中充满了选择，你的选择不仅和你的心情相关，也和你的命运相关。重要的抉择对未来具有长期潜在的影响。因此，无论做什么事情，进行之前一定要先问问自己："这件事情我要如何选择，选择之后又有什么样的结果？"人在抉择之时须从容决策，否则就会乱中出错。另外，我们还要懂得未雨绸缪，不要让自己陷入艰难的境地之后再寻求摆脱的方法。当然，谁也不能保证自己不会遇上这样的境况，那么请记住：越是处于这样的境地，就越要保持沉着冷静，三思而后行。

第十一节　别迷恋热门行业

人们在职场中发展犹如爬树一样，大家都争着抢着往大树上爬，当发现自己所攀缘的枝杈不够粗或已经腐朽时，往往想到的就是退下来，换一根枝杈继续爬。人们在往大树上爬的时候却忘了“树大招风”这句话。人人都想上大树，却没有仔细考虑自己能否爬上这棵大树，是否已经有太多的人在爬。超负荷的枝杈相信在风中也摇曳不了多久，爬得越高小心摔得越狠。

或由于就业压力很大，或由于你所学的专业是冷门，没有合适的选择，或由于你原来从事的行业发展不理想，或由于你觉得自己的工作没有周围人的体面，或由于你的薪资待遇没有别人好，因此当看到某些行业显得很热门时，你会不由自主地跟着别人一起选择了。但是需要注意的是，无论是什么原因，你都要尽量选择一个与你目标接近的职业，再静待时机寻求转换，而不要盲目追随热门行业。再热的行业都有可能会变冷，现在的冷门行业将来也可能转热。现在的IT行业就证明了这一点。当时在IT行业最火的时候，许多人也不审视自己是否能在这个行业中立足，就忙着攀高枝，以致最近两年IT行业人才过剩，而原来一些由传统行业转过去的缺少足够IT技能的人就成为首选淘汰对象，不得不转回自己原先的行业。哪热往哪挤，不管适不适合自己，这样跟风的做法永远也不会成功的。

近几年LED行业在国内兴起，市场的快速发展已经将LED做成了一块美味蛋糕。2010年，国内仅上市公司的LED投资计划就超过了300亿元。郭阳原来在一家广告公司做策划经理，由于公司业务关系认识了几个从事LED行业的朋友，从他们口中得知LED行业在我国虽然起步不久，但是发展潜力无限，现在许多人都投资做LED生意。于是郭阳离开了电力行业，来到一家做LED的公司工作。周围人都劝他："LED现在虽然是热门，但是一些小的LED公司发展不稳定，容易受到冲击。太多基金、太多人才汇集到这个行业，很容易造成大鱼吃小鱼的现象。"而郭阳有他的想法："热门行业关注的人越多，机会也就越多，成功的概率也就越大。"就这样，郭阳执著地投入到热门行业中。但是LED行业在几年内被迅速催熟后，暴露出许多弊病。目前从事LED行业的很多公司仅仅算是开发出了产品，而且是东家抄西家，南家抄北家，缺少行业标准，甚至连国际著名企业也不例外。LED市场被许多小厂的产品冲得七零八落。现在的LED行业进入了调整期，一些小企业纷纷被吞噬了，郭阳的公司就在其中。

冷静下来的郭阳这样说："我不得不承认，我个人对热门行业有着疯狂的迷恋，所以，每一天我都会把自己搞得忙忙碌碌，以为只有这样，才会向着成功步步逼近。但是，今天我才发现，不是人人都适合热门行业，这里人多钱多，压力大风险也大。"

现在的就业情况很奇怪，一方面求职者叫苦找不到好工作，另一方面用人单位却抱怨招不到人。且不说用人单位的原因，就求职者个人来说，许多求职者都没有明确的职业规划，稀里糊涂，别人干什么自己也跟着干，盲目跟风，这样大家扎堆于热门行业，就会导致一些企业缺少人才，一些热门行业则人才过剩。

一些人盲目追求脱离自身实际的高工资、高待遇的理想工作和热门行业，对于冷门行业、基础职位不屑一顾，所以，在人才市场就出现了"热门难进，冷门更冷"的怪现象。而事实上没有永远的热门行业，再热的行业也有冷却的时候。若想有好的职业发展，在选择企业时就不应盲目追求规模、追求热门。而应认真思考行业的发展潜力、企业所处行业的发展前途，以及自己能有多大的发展空间等问题。

赵红现在是一家上市公司的总经理，她当年择业时曾盲目崇拜热门行业，从医药行业转到了家电行业。很快，她就意识到选择家电行业是不明智的。她说："家电行业从20世纪80年代末90年代初进入了黄金发展时期，1994、1995、1996 年更是达到了顶峰，迅速扩张，创造了大量的职位。那几年加入的大学生被迅速委以重任。当年，我所在的这家企业招收了200多名毕业生。大量的毕业生进入公司，而公司短期内没有进一步扩张的计划，晋升职位和人员不能很好地匹配，其他公司也是如此。许多大学生在过热的家电行业中没有得到很好的发展。”到1998年时，家电行业遭遇亚洲金融危机的严重冲击，迅速衰落，许多人不得不重新择业。赵红就是其中的一位。重新择业的她吸取了教训，当时IT行业蓬勃发展，有几家IT公司邀请她去，但经过认真考虑，她选择了一家家具公司。虽然刚进入一个规模小的企业时薪水低一点，但以后会得到更多的机会。如今她已经成为这个行业的精英人物。

我们在选择行业时应该根据自身特点和优势，有目的、有针对性地求职，切忌盲目跟风，这样成功率才会高。我们可以这样理解：当你追逐一个行业时，也许你根本就没有为进入这个行业而作任何准备，更多的时候是在人云亦云，看见大家蜂拥而至自己也就按捺不住了，这样的选择让你永远只是成功的追逐者而不是创造者。以发展的眼光来择业，去从事适合于自己特点、能够发挥自身优势的工作。虽然这份工作可能并不体面、收入较低，但毕竟为个人发展创造了有利条件。热门行业未必适合每个人发展，而追求者较少的冷门行业往往有着更多的发展机会。选择行业之前，我们必须要作充分的心理准备和行动准备。只有这样，才能选出最适合自己发展的行业。

大家在择业的时候，都喜欢往热门的行业里挤，现在这个情况也普遍存在于职场中。但是要辩证地去看冷和热，每个行业都有其发展的周期。热门行业有时就像一阵风，来得快，去得也快。任何行业本身也会经历高潮与低潮。在选择工作的时候，适不适合自己比属不属于热门行业更重要。也许别人都不看好这一行的前景，不了解这一行的出路，但如果你能在其中摸索出门道，那就极易获得成功，最终也会得到所有人的尊敬。求职过程中，对自己要有准确的自我定位，要学会给自己降温，切忌头脑发热跟着“热门人才”一起往热门行业、热门企业里钻，放宽行业选择面，理性地思考一个行业，只要从大的趋势来看有前景而我们又喜欢，就应该坚定地在这个行业里挥汗耕耘，直至成功。

第4章

成为行业的精英

第一节　不断充电，不被淘汰

有人曾说："除了生命之外，我们还有一样东西不能放弃，那就是学习。"的确，在瞬息万变、人才辈出的今天，想要成为行业精英唯有不断充电，不断学习。如今竞争日趋激烈，知识更新不断加快，科技发展日新月异，如不及时跟上时代的步伐，就会被社会无情地淘汰。

不论是刚进入职场的新人，还是已经摸爬滚打多年的行业老手，在职场的路上要学的东西实在太多太多。一个人在学校里学到的知识只占人生知识结构的一小部分，且理论和实践总是会有一定的差距。而在职场中奋斗的人要懂得职场中的学问，更是深不见底，需要及时充电才有动力朝成功走去。事实上，只有经常给自己充电，才能满足越来越高的工作要求，使自己的事业更上一层楼。可以说，如果我们不给自己充电，就无法取得生活和工作所需要的知识，无法使自己适应急速变化的时代，我们不仅不能搞好本职工作，还会被时代所抛弃。

赵红梅在一家钢铁公司做会计，经过十年的努力工作和不断学习，她升任到财务部经理。周围的人都很羡慕她，35岁就做了财务部经理，以后可以悠闲地过日子了。做了一年经理后，赵红梅选择去大学继续读财务管理在职研究生。许多人都觉得她没有必要这么做，经理做得好好儿的，还浪费时间去上学。赵红梅说："这是一个天天都在推陈出新的年代，多年的工作经验会因为新技术和信息的出现而在一夜之间变得一文不值，如果不继续学习、不给自己充电，那么原来在工作中的优势就会逐渐变弱，自身价值就会逐渐降低。若想不被淘汰，就得给自己补充能量，这次学习让我的眼界开阔了不少，也让我越来越有信心做好我的工作。"

赵红梅现在是这家公司的总经理，她仍然在不断地吸收新的知识、新的信息，她感觉到作为一个现代企业的管理者，必须要有现代的管理理念和管理知识，才能带领企业不断地发展和壮大。她也懂得不重视知识的企业会让那些有才能的员工无法大展拳脚，感到压抑，这样的企业也留不住人才。她认为企业整体的竞争力就是员工们的综合实力，所以她非常重视员工培训。她相信：投资在员工身上的培训费用，和投资绩优股一样，是必需的。

赵红梅的行动告诉我们，不论你在职场上走到哪一步，无论你是小职员还是大领导，每个人都应该好好儿考虑一下自己的充电计划，为自己职业规划的制订与实施作铺垫。在工作中不断学习可以避免我们因无知滋生自满，并不断提升自己的专业技能以及学习能力，对我们的职业生涯大有好处。我们经常听到有人抱怨没时间看书学习，真的是没有时间吗？多数还是态度没有端正，意志不够顽强吧。如果有了清楚的充电计划，就别总是抱怨没时间学习，少看一场电影，少去几次酒吧，少参加一些应酬，时间自然就有了。

在风云变幻的职场中，脚步迟缓的人瞬间就会被甩到后面。每个职场中人都要在平常的工作中不断为自己充电，只有这样才能保持自己的职业竞争力，在公司中立足，获得职业上的发展。你现在拥有的一切都会随着岁月的流逝而不断折旧，我们赖以生存发展的知识、技能也是如此。若想保持职场中的竞争力，就必须不断给自己充电，制订清晰的充电计划，并把充电计划提到日程上，抓住分分秒秒来充实自己。以当今社会的知识更新速度，那些以前不论是在学校还是在工作中学到的知识，经过四五年时间就“老化了”，所以职业生涯本身就是一个不断深造、不断积累、不断提升的过程。充电本身是职业整体发展的一部分，是你实现目标的途径。充完电后，整个职场生涯都将改变。

康萍专科毕业后在一家公司担任业务助理，工作很繁忙也很辛苦，待遇也不是很高，但是她认为自己的工作仍需要踏踏实实努力，从没想过跳槽。她认为改变自己现状的最好方法就是主动学习，给自己充电。公司新进的员工都是大学本科、英语四级，而自己学历低，英语也不好，只有不断给自己充电才能在公司立足，才能在激烈的竞争中立于不败之地。在做好本职工作的同时，康萍认真学习业务技能，每天下班后都要去进修。康萍觉得虽然自己学历不高，但是通过不断学习总有一天也会像那些本科生一样出色。康萍的努力没有白费，公司最近人员调整，康萍也就有了机会，她已经成了公司的骨干，加上业务水平毫不逊色，顺理成章地被提升为业务部经理。

在变化不断的职场上，很多人即使已升为部门经理、高级主管，也仍没有安全感和归属感，害怕总有一天下台。而不断地学习、充电则让他们更有信心继续向前走。如果不学习，不接受新事物，不用最新出现的知识、技术武装自己，那么当新的知识被普遍运用时，你就有可能最先被淘汰掉。任何职场中人，要想在日新月异的行业中求得生存、求得发展，就必须主动更新自己的知识结构，掌握最新的技能、技术，给自己的职业发展补充新鲜血液。身处竞争激烈的职场中，我们学习的脚步不能有丝毫的停歇，要把工作视为学习的殿堂，让自己始终站在时代中央。

一个人的知识会随着职场的变化而流失，如果不学习，不充电，多年之后就会落后于时代的步伐。充电能使自己选择职业的道路更宽。同时，在职场选择中站在十字路口的人，也应该通过及时充电，找到适合自己的职业、岗位，走出职场困惑。

无论你以前做过什么、学过什么，想要跟这个时代同步，就必须不断吸取新的知识。随着社会的高速发展，知识、技能的折旧速度越来越快，职场中人必须通过学习、培训等对自己的专业知识、职业技能进行不断更新和提高，想成功的人就应该把充电当做职场生活的一部分，永远保持学习的意识和心态，这样在工作和生活中才能时时、处处进步，才能让自己保持持续的竞争力，获得更为光明的发展前途。

第二节　积极主动地工作

成功的人都是主动并创造性地去工作，而业绩平平的人也至少能被动地完成工作，最失败的人态度消极不说，甚至连自己应完成的工作都完成不了。拖延的习惯会降低工作效率，阻碍人的潜能发挥。你应该极力避免拖延的习惯，远离“拖延”这个可怕的敌人。“拖延”这个敌人要窃取你的时间、能力、机会、品格与自由，从而使你成为它的“奴隶”。敷衍工作就是敷衍自己，与其被动地服从，总想着偷懒、拖延，不如主动地去完成。一个人事业成功的秘诀，就是积极主动地工作，因为积极的态度可以感染别人，也会增强你面对困难时的信心。而在最佳的精神状态下工作可以发挥最大的潜能。

积极主动地工作，可以使自己最大限度地为行业作出贡献，而行业通过你的工作也就取得了效益。因此，积极主动地工作不仅可以带给你应得的报酬，还给你提供了机会，让你实现自己的理想，成为行业的精英。如果你对工作总是采取一种应付的态度，能少做就少做，能躲避就躲避，敷衍了事，实际就是对自己的职业生涯不负责。精英们懂得让自己积极主动起来，而不像那些不思进取的人那样把工作当成苦役。他们与普通员工的心态截然不同，因此，他们在工作中取得的成就也就相对比较大一些。的确，如果我们对待工作能够采取积极主动的态度，自然而然就会进入一种最佳的状态。设想一个热爱工作、干劲十足的员工，和一个被动的甚至讨厌工作的员工，他们的效率和成绩该有多大的不同?

任涛现在北京一家二手房交易公司工作，刚来时他的月薪仅有1000多元，也就勉强够日常花销，但是现在他已经是有房有车一族了。房地产市场非常不稳定，时而红火，时而又跌入谷底。几度冰冷的市场曾让他在心里打起了退堂鼓，但天生乐观的他及时调整了自己的心态，最终燃起积极奋进的火苗，即便是遇上再冰冷的市场，他都一直积极主动地对待自己的工作。一有空闲，他就看公司的培训材料，不懂就问，大大提高了自己的专业技能。他还主动找来各个小区的卫星照片并打印出来，然后去小区挨个对照、标注楼号，了解小区周边的各项配套设施。遇到桑拿天，谁不想躲在店里吹空调，但他依然坚持不懈，每天发信息，找房源，匹配房源客源。积极主动的态度和行动给他带来了出色的销售业绩，很快他就做了业务经理，成为地产行业的精英。

一个积极主动的员工能把心思全部用在工作上。在工作中，他们往往能发现问题，并通过认真研究，找到解决问题的最好方法。养成了积极主动的工作习惯，就等于掌握了个人进取的精髓。那些以无比的热情看待自己工作和事业的人，总能发掘出无穷的机会。也许不是每个人都深切地了解精神状态是如何影响工作的，但绝对没有人愿意跟一个整天提不起精神的人打交道，没有哪个老板愿意提拔一个精神委靡不振、牢骚满腹的员工。如果一个人能抱着积极主动的态度做事，那么无论他从事什么工作，都会做出自己的成绩，都会得到领导和同事的肯定。这样的人还用担心在自己的职位上坐不稳吗?

孙琼现在是一家建筑工程公司的项目经理。四年前他被招聘进来的时候只是一名水泥工。那时工作非常辛苦，但是孙琼并不像其他的水泥工那样一面干活一面抱怨工资太少，或找机会就躲在墙角偷懒。他总是在抓紧时间完成工作后又积极地帮助其他工友，在休息的时候他也不闲着，找到有经验的老技工求他们讲解关于建筑的各种知识。不久，这个勤奋好学、积极主动的水泥工引起了建筑队长的注意。两个月后，孙琼成了这家公司的建筑技术工人。当上技术工人的孙琼依然勤勤恳恳地工作，早上总是第一个来，晚上又是最后一个离开。由于对所有的建筑工作，比如打地基、垒砖、刷泥浆都非常熟悉，他成了建筑队的红人，工人们有问题都喜欢向他咨询。有一次，总经理在下班后发现孙琼还留在工地，并一个人把工地的一些废旧垃圾清理到一起，用车运出工地，以解决施工时没有空间堆放原料的困难。总经理很是欣慰，决定让这个肯学肯干，积极主动的年轻人做自己的助理。做了总经理助理后，孙琼依然积极主动地工作，学习用电脑工作，不断汲取新的知识。他还常常画草图、拟计划，并让大家提出各种建议。现在，他又升任为项目经理，前途不可限量。

孙琼的成功告诉我们：如果有积极主动的工作态度，肯认真负责地做好每件事，肯不断学习、虚心请教，即使是再平凡的工作，也可以做出出色的成绩。一个人一生中除去休息的时间，剩下的大部分时间是在工作中度过的，所以说，工作几乎等于一个人一生的价值。只要将工作本身看成一种神圣的使命，就会极大地调动个人的积极性，驱使自己自发地干好每一项本职工作。成功者和失败者的区别就在于：成功者无论做什么工作，都会积极主动、用心去做，并力求达到最佳的效果，不会有丝毫的放松；失败者在做工作时，却常常轻率敷衍、得过且过。

有些人一生都碌碌无为，他们常常是没有主动性的人。他们从不会自觉地去做自己该做的事，有时甚至本该自己完成的工作，他们也不会立刻行动起来。他们在私底下常常会用一种得过且过的口吻说着这样的话："过一天算一天吧"，"对付着混口饭吃就行了"，"只要不丢饭碗就可以了"。这种人无论遇到什么事都会抱着漫不经心的态度，他们似乎宁愿一辈子待在山谷里，也不愿意花点儿力气爬上峰顶，看看大千世界里的美好风景。机会与成功都来自于个人的主动，主动的人是最聪明的人，是团队中最好的伙伴，是人人都想要有的朋友。永远要记住，主动精神是你最好的老师。在面对困难的时候，可以帮助你的是你自己的主动精神，而不是运气。卓有成效和积极主动的人，总是在工作中付出双倍甚至更多的热情和努力。只有以这样的态度对待工作，我们才可能有所作为。

积极主动的工作态度是提升自我职场潜力的最有效的武器。只要具备了积极主动的工作态度，职场中即使遇到再困难的问题都能很好地解决。积极主动是每个想要成为行业精英的人在工作中都应该持有的态度。对待工作的态度决定了工作的质量，工作上的努力意味着事业上的成功，这样我们的内心也将因工作的成功而充满愉悦。所以，想活得精彩就必须主动工作、主动生活。如果你能够以主动积极的心态对待工作，工作中表现得比老板更积极主动，那么你必定是一个优秀的人才。在这种心态的引导下，你必然会获得自己事业上的长远发展，获取人生的快乐与精彩。

第三节 爱上你的事业

在你周围有没有人整天抱怨，觉得工作不顺心，这不好、那也不好，看着别人的工作都那么舒心，怎么到自己这儿就不一样了呢？为什么工作的一切自己都不喜欢……

如果你问他们："要是实在不喜欢为什么不干脆辞职呢？或者做点什么来改变这种局面，可能你会爱上你的工作。"他们总是有各种各样的借口，却拒绝作出任何改变，仍然继续埋怨，以致毫无建树。爱工作等于爱自己，如果你问一个人："你是否热爱自己的工作？"如果他回答你："不。事实上，我已经厌倦这份工作了。"也许就是因为这个原因，这样的人在行业里永远都没有出人头地的机会。这些不幸的人从来只是把工作当成一种谋生的手段，而不是一生的事业。他们不爱自己的工作，所以他们每天麻木地上班下班，却没有明确的奋斗目标。如果一个人不懂得热爱自己的事业，那他注定难成气候。

比尔·盖茨说："你可以不喜欢你现在的工作，但你必须爱它。只要坚持爱它，平凡的工作也会有伟大的成就。"事实就是这样，在职场生涯中，我们有自己的责任，有我们不得不做的事。工作不可能事事顺心，总有不如意，我们可能在做一些自己目前并不喜欢的工作，但是我们不能逃避，不能不负责任。工作是我们一生都离不开的，不管我们工作是为了什么，它每天都陪伴着我们，并时刻影响着我们的喜怒哀乐。所以，喜欢也好，不喜欢也罢，这都不重要，重要的是你要去接受和面对，因为人的一生中有三分之一的时间都在工作，你要对这三分之一的时间负责，如果不热爱这份工作，这确实是一笔很大的时间浪费。人生要想过得有意义，就要学着爱上你的事业。

在一个大型机械加工厂里有一个车间，这个车间里永远都是死气沉沉，工人们个个无精打采。这个车间是整个工厂中效益最低的，工作最散漫的，也是工作最脏最累的。所以人们都把这个车间称为“灰暗空间”。每个被分配到“灰暗空间”的人，都认为自己很倒霉，所以他们也不积极工作。这个车间的工作业绩差得很离谱，总部不得不对其进行调查了。有一天，总部领导突然到这个车间暗访，眼前的破败景象让他对这里的一切状况都很不满意，他决定对这个车间进行整顿。就在要离开的时候，他听见有人吹起了口哨，循着声音他发现一个满头大汗的年轻工人正在快乐地收拾着车间里的杂物，充满了活力，当发现有人站在身边时，他很热情地打招呼。领导很奇怪，在这样的车间还会发现这样的一幕，于是他问：“年轻人，别人都认为在这个车间工作很倒霉，你为什么能这么快乐？”小伙子一边忙碌着，一边头也不抬地回答道：“因为我热爱这份工作，我怎么会认为自己是倒霉的人呢？高兴还来不及呢。”这位领导很受感动，他相信有了小伙子这种对工作的热情，这个车间就有了希望。果然如此，几个月以后，这个车间的景象便焕然一新了，大家被小伙子的工作热情感染了，都开始认真工作了。他们悟出来一个道理：“要想改变人生就要爱上你的工作。”

对于我们每个人来说，面对平凡的生活、平凡的工作，采取或积极或消极的态度会深刻地影响我们的一生。没有卑微的工作，只有卑微的工作态度，无论你从事的工作多么琐碎，都不要轻视它。不是工作需要人，而是任何一个人都需要工作。我们每天都在生活，每天都要工作，对工作的态度决定了我们的工作质量，也决定了我们的生活质量。只要你爱上自己的工作，就会发现它的魅力所在。曾经有人说，假如你非常热爱你的工作，那你的生活就是天堂；假如你非常讨厌你的工作，那你的生活就是地狱。或许你是因为不了解这份工作的意义才不喜欢它的。当你真正投入了、了解了、熟悉了，也许你就会热爱上它的。

假如一个人不热爱自己的工作，对工作漫不经心，得过且过，怎么可能会有出色的业绩？更谈不上专长了。反过来，热爱工作的人，情况就会大不相同，他们对工作的热爱和执著，会使他们成为行业专家，既赢得了别人的尊重与佩服，也赢得了自己辉煌的职场生涯。热爱工作是一种信念，积极乐观的人总是怀着这种信念为自己的理想奋斗着。我们努力工作换来的最高报酬，不在于我们获得多少钱，而在于我们因为努力奋斗而实现了自己的理想。

被誉为台湾“经营之神”的王永庆从当年的一个小伙计奋斗到现在的“台塑大王”，他用自己成功的经历告诉我们：要想成为一个行业的精英，首先要爱上你的工作。在王永庆小的时候，王家过着十分艰难的生活，几代人都以种茶为生，只能勉强糊口。所以，很小的时候王永庆就外出打工，帮家里分担压力。15岁时他在小镇上的米店里做伙计，虽然他的工作就是跑腿送米、收账等，非常辛苦，但他从来没有抱怨过，每天都按时给顾客送米，服务得非常周到。他不像一般伙计那样，把米送到顾客家里转身就走，而是一直走到顾客的米缸旁，把缸里的陈米舀出来，把米缸擦干净，再将新米倒进缸里，最后把陈米铺在上面，盖上盖子。这样认真工作的小伙计深受掌柜和其他顾客的喜爱。周围人都奇怪：这样一个没什么发展的跑腿工作他为什么干得那么起劲。王永庆说：“我爱我的工作，即使只是跑腿的。”只要是王永庆送过米的顾客都会成为米店的回头客。

王永庆说的果然不是空话，他告诉自己，工作不是为了谋生才做的事，而是要用生命去做的事。只要你爱你的事业，你的眼中就没有“卑微”二字。一年后王永庆开了自己的米店，经过几年的努力，米店生意越来越火，王永庆筹办了一家碾米厂，为自己更广阔的事业之路打下了坚实的基础。

既然选择了这个职业，选择了这个岗位，就必须接受它的全部，而不仅仅是享受它的益处和快乐，也要面对困难和挑战。我们唯一能做的就是爱上我们的工作。不热爱工作的人，往往都是对职业前景没有追求和梦想的人，他们把工作当成一种谋生的手段，工作和生活泾渭分明，一想到工作，便觉得辛苦乏味，痛苦不堪。他们在工作中体验不到成长和快乐，总是愤愤不平，永远觉得自己的工作回报太少，稍有些委屈，这种感觉就愈演愈烈。其实，有足够的财富、满意的职业和快乐的生活是所有人的梦想，但人们更多的是希望能从自己所热爱的工作中得到满足，从而获得真正的乐趣。

快乐工作也就是享受生命，我们可以像热爱生命一样热爱工作。在竞争激烈的职场中，人们会遇到各种各样的问题，这使得人们感到迷茫和困惑，不知道应该如何去承担工作中的压力。其实很简单，把工作看做生活的阳光，如果能做到这一点，你就会发现人生充满了希望。一个人只有先学会热爱自己选择的工作和职业，才会热爱生活，才会热爱别人，也才能受到别人的热爱和尊重。只为金钱而工作的人除了报酬将一无所获，只为工作而工作的人只会郁闷乏味，任由岁月蹉跎，因为爱工作而工作的人得到的不仅仅是报酬、经验，更多的是激情和欢乐。

第四节　频繁转行的后果

在现代社会，很多职场人士已将跳槽视为家常便饭。而在这一股股跳槽风潮里，又逐渐形成一种跳槽到不同领域的新趋势，转行似乎已经成为一种时尚。当然，人最好是能拥有自己理想的职业，从事自己热爱的工作。但世事难料，人们从事的行业往往并不理想。如果是这样，那你就一直不负责任说转行就转行吗？果真如此的话，你是否意识到转行必然意味着要冒更大的风险，今后一段时间里工作和生活都会发生重大变化？还有，你是否已经为失败作好了心理准备和经济准备？因为你可能很快便会落入失业的大军。

“今天我又把老板炒了”，已成为现在职场的一句流行语。很多人为了实现自己的理想，频繁更换工作和行业。在转行之前，每个人都应该问问自己：是否了解这个行业？对于行业的了解，光靠报纸、杂志或是网络上的一些公开资料是远远不够的，需慎重对待转行。如果自己对所要转入的行业一窍不通，或者自己积累的经验不足以应付将要面对的局面，最好还是放弃。因为转行意味着要放弃很多此前的积累，并从头再来，这对于职场发展来说，要付出不小的成本。

有这样一个故事。一个小和尚奉师父之命去山上采药，临走前师父嘱咐他：“山越高，草药越好。”小和尚点头说：“我知道了。”来到山下后，他选了最高的一座山爬，但是当他爬上第一个山头，正准备采药时，回头一看，突然发现前面还有一座更高的山，于是他走到山下，又去爬那座更高的山。当他爬到第二个山头时，又发现眼前有一座更高的山，于是他又去爬另一座更高的山。就这样，他一天的时间都在上山下山，天已经快黑了，他的药篮里却还空空如也，可是面前还有一座更高的山。

在职场中，很多人都像故事里的小和尚那样，觉得自己所从事的行业不理想。有的人看别人赚了钱，取得了成绩就眼红得不得了；当工作遇到困境时，有的人首先想到的不是怎么改进自己，而是转行，但是盲目地转了以后却事与愿违，然后再转行。其实，转来转去你的身价将大打折扣，因为你每个行业都没有做精。一个成功的人不在于他从事了多少行业，而在于他在自己所从事的行业中做到什么程度，是否成为这个行业的精英人物。人在职场漂，谁不希望混个一官半职，谁不希望薪水高？但是高职位、高薪水不是频繁转行得来的，频繁转行只会让你的职场生涯变得不伦不类。

王小姐毕业后在一家公司做前台文员。刚进入公司的那段时间，她工作非常努力，工作中遇到不懂的地方也肯下工夫钻研，工作能力提高得很快，很得公司领导的赏识，因此半年之后她被调到行政部做助理。她工作依然认真负责，在行政部工作了近一年时间之后，她升任行政主管，开始负责公司全部的行政工作。不断的升职并没有让她懈怠，她的工作表现一直非常优秀，收入也不错，一年多的时间她的工资从2000元涨到5000元。但在此后的两年时间内，她同样地努力工作，梦想着继续升职加薪，可是职位一直没有什么变化，而薪水也一直在5000元左右徘徊不前，她突然为自己的拼命工作感到不甘了。她的同事跳槽到一家房地产公司，不到一年月薪都6000多元了，恰好这个同事的公司还在招人，于是她准备了一份简历投递了过去，并马上得到了回应。她迫不及待地向原公司递交了辞职报告，很快来到新公司上班。可是对于房地产行业她没有任何经验，所以刚开始工作就困难重重，一连几个月薪水都是不到3000元，她失望极了，于是又跳到一家金融公司，可是由于这个行业她也没从事过，所以她的月薪也只有4000元。王小姐不禁有些迷茫了。为了找到合适的行业，她又频繁转行了四次，而月薪也在2000至4000元之间波动。王小姐现在还是觉得自己没找到合适的行业。

也许是因为好高骛远，也许是因为没能从事自己喜欢的行业，也许是迫于生活的压力，转行的念头在很多人的心底都曾经蠢蠢欲动过。然而，新的行业是否适合自己，转行之后的发展如何，到底是为了什么目的转行，这些问题在转行之前你都想过吗，有可以让自己信服的明确答案吗？大多数失败的“职场跳蚤”就是在没有思考这些问题前盲目地转行了，他们很简单地认为：先试试看，大不了再换。有的人在跳槽时只盯住暂时的利益，不考虑自身的长远发展，更是得不偿失。盲目选择往往会导致短时间内再次转行，从而让自己进入恶性循环。这样做事草率的人在任何一个行业都难有发展。

沈建国毕业后在一家电脑公司上班。恰好赶上IT行业火暴的那几年，他迅速成长为一名高级白领，月薪6000元，比身边其他同时就业的同学要高出一截，这让他感到很是满足。可是IT行业红火几年后进入了休眠期，效益远不如过去那般火暴，沈建国的身价自然也不如从前了。现在和周围其他同学相比，他的收入只能算处于中等水平了。面对不断缩水的薪水，他打算转行。有从事保健品销售的同学建议他在保健品行业试着做一做，他也看到这位同学在短短几年内取得的成就：买房、买车，而且银行里还有一笔数目不菲的存款。于是他毅然辞去了原来的工作，踏入了保健品营销行业，待遇是底薪2000元，但是提成非常丰厚，月销售额高的话月薪过万元都没问题，他信心十足地开始新的工作了。但是现实并非他想象得那么简单，他发现自己对新的行业一窍不通，也没有任何销售经验，三个月下来，他无法完成规定的任务，收入当然也很少，连维持基本生活都困难。他又转行到快速消费品行业、保险行业，但是工作一段时间后他的收入依然很不稳定，在2000至4000元之间徘徊，职场的路越走越迷茫。

我们经常会听到有人说：“我实在是不想在这个行业再干下去了”，“我烦透了这个行业”。谁都希望从事自己理想的行业，但是往往需要很长时间的深入了解，我们才能发现一个行业的魅力所在。频繁转行不是找到理想行业的上策。一个人追求更好的职业、更高的薪水、更体面的工作没有错，但是，如果总是不认真对待自己的工作，浮躁、抱怨、拖延、推诿，那么，恐怕没有一项工作是适合你的。在频繁转行过程中，你不仅没有得到任何锻炼，而且还失去了很多可以展示自己才华、能力的机会，自然也就谈不上成为行业能手、精英人物了。很多人都希望自己潇洒地一转身就能在另一个行业开创一片新天地，但是如果缺乏规划，仅凭一时冲动盲目转行，你很有可能一转身就跳进了“坑”里。职场的发展就像爬山一样，山外有山，如果你总是爬一丁点就换一座山来爬，将永远登不上最顶峰。如果你肯从身边的这座山爬起，即使这座山并不高大，但是，只要你付出了努力，就一定会改变现状，达到你所在之山的顶峰。

第五节　发掘你的潜力

有的时候，如果你不逼自己一把，你根本不知道自己有多优秀。在这个竞争激烈的社会中，我们不仅要努力汲取知识，储蓄能量，更要深入挖掘自己的潜力。这的确不是一件容易的事，可是生活在这个竞争激烈的社会里，这也是没有办法的事。想想那拥有亿万财富的比尔·盖茨，那有着上千种发明的爱迪生，那双耳失聪、却扼住命运咽喉的贝多芬，那双目失明、却依然乐观坚强的海伦·凯勒，他们之所以成功，是因为他们坚信自己的能力，不断发掘自己的潜力。

古时候有个小男孩叫方仲永。一天，他突然向家里人要笔墨纸砚，说他想写诗。他父亲感到十分惊讶，马上从邻居那里借来笔墨纸砚，方仲永拿起笔便写了四句诗，而且还给诗起了个题目。这件事很快被同乡的几个读书人知道了，他们都跑到方仲永家来看，并一致认为方仲永写得不错。于是这件事很快传开了，知道的人无不个个称奇，说方仲永是个天才，以后一定能成大器，说不定能考取个状元。从此，方仲永家热闹起来，经常有人来他家玩，有的当场出题要这四岁的孩子作诗。不论什么题目，方仲永都能立刻成诗，而且内容深刻雅致，文采绚丽多姿，得到众人赞赏。不久，天生奇才的事传到了县里，引起了很大震动，人们都认为方仲永是个神童。县里那些名流、富人十分欣赏方仲永，连他父亲的地位也随着提高了不少。那些人对方仲永的父亲另眼相看，还经常拿钱帮助他。这样一来，方仲永的父亲便认为这是件有利可图的好事情，于是放弃了让他上学读书的念头，而是每天带着他轮流拜访县里那些名流、富人，找机会表现孩子的作诗天才，以博得那些人的夸赞和奖励。这样一来，神童渐渐才思不济，久而久之，由于一味凭着一点“天才”而没有后天对潜力的挖掘，这个天赋异禀的孩子到十二三岁时，作的诗比以前大为逊色，前来与他谈诗的人感到很是失望。到了二十岁时，方仲永的才华已全部消失，跟一般人相比并没有什么不同，人们都遗憾地摇着头，可惜一个天资聪颖的少年变成了一个平庸的人。

方仲永的悲剧在于他放弃发掘自己的潜力，虽年少出众，却每天都在拜访县里的名流、富人，而非上学读书以挖掘自身潜力，最终与普通人无异了。想让生活一直充满着希望，就必须不断发掘自己的潜力，否则希望将像闪烁的流星，稍纵即逝。不懂得充分发掘潜力的人，将会有同方仲永那样的悲哀。在现实生活中，很多人都在给自己作着“鉴定”：这是我能做得最好的作品了，这是我的极限了，我再也不能突破了，我没有能力，潜能被我挖掘完了……那么事实是这样吗？心理学的研究成果告诉我们：普通人在生前仅开发了自身基因中潜在能力的百分之零点几，即使是爱因斯坦，也只不过是开发了30%，那么何来潜能被挖掘完了，再也不能突破自我了呢？

有一位戏剧家在排练一场话剧时突然听到一个坏消息：女主角突然病倒被送进了医院，不能参加当晚的演出。但是演出迫在眉睫，无奈之下，戏剧家只能让他的姐姐担任女主角。虽然多次看弟弟排练演出，自己在戏剧世家也受过熏陶，但排练的时候，姐姐由于从未演过戏，对于挑战女主角很没信心，所以演得十分糟糕，连词都记不住。戏剧家情急之下生气地说：“你虽然没有演出经验，但是有戏剧基础，这段戏是全戏的关键，如果女主角仍然演得这样差劲，整个戏就不能再往下排了，发挥出点水平来。”全场一片沉默，感到委屈的姐姐强忍住自己的眼泪，脑海中回荡着戏剧家的话，突然她咬了咬牙坚定地站起来：“排练！”接着她变得非常胸有成竹。之后的排练可想而知，过程非常成功，她表现得十分自信、真实，让在场的每一个人都赞叹不已。戏剧家也对她刮目相看：“从今天起，我们有了一个新的大艺术家。”让一个没有演出经验的人登台演出还能大获成功，这可能是常人难以想象的，她能取得成功的关键就在于困境激发出了她的潜力。

潜力是人们潜在的、没有发挥出来的力量和能力。不管你是成功人士还是正在奋斗的职场人士，都要知道人人都有潜力可挖，这是大脑赋予我们的本能。别再为自己取得了一点成绩就自满，那样你得不到最终的胜利，只会让当初智慧不如你的人超过你，因为别人都在激发自己无限潜能的时候你却停滞不前了。一个人的成功是内外因共同作用的结果，尽管外因是成材的重要条件，但内因却是成材的最根本因素。而发掘潜力就属于内因。发掘你的潜力，你就有了自信和希望，成功就在不远处向你招手。

有一位钢琴教师，经他手教出来的学生，个个都是顶尖高手，很多人都很好奇：同样是教钢琴，为什么这位教师总是那么厉害呢，难道他有什么秘诀不成？一位音乐系的同学慕名而来向这位教师学艺。刚开始，这位教师也是用平常的教学方法教给学生一些基本要素。三个月过去后，有一天，钢琴上摆放了一份全新的乐谱。学生看了以后喃喃自语："超高难度。"他瞬间感觉自己对弹奏钢琴的信心似乎跌到谷底，消磨殆尽。"试试看吧。"教师说。乐谱难度颇高，学生弹得生涩僵硬而且错误百出。"还不熟，回去好好练习。"教师在下课时如此叮嘱学生。学生回去练了一个星期，第二周上课时，没想到教师给他换了份乐谱，而且难度更高。"弹下试试。"学生再次挣扎于更高难度的技巧挑战。第三周，更难的乐谱又出现了。就这样连续三个月，学生每次在课堂上都挑战新的乐谱。但是每次挑战都没有成功，他对钢琴一点信心都没有了。这天他又来上课，当教师走进练习室时，他再也忍不住了，他必须向教师问个明白，这连续三个月的高难度练习除了折磨他外对他的弹琴有什么帮助。教师没有回答，只是抽出了第一份难度高的乐谱交给学生："弹奏吧！"他以坚定的眼神望着学生。不可思议的事情发生了，连学生自己都惊讶万分，他居然可以将这首曲子弹奏得如此美妙、如此精湛。教师又让学生试了第二份难弹的乐谱，学生仍然有较高水平的表现。演奏结束，学生怔怔地看着教师，说不出话来。现在学生明白了教师的用心：在困境中发掘自己的潜在才能。

科学证明，潜能深藏于我们的潜意识当中，需要后天的开发和训练，才能成为可为自己所用的能力。即使你天赋异禀，如果后天放弃了对潜力的挖掘，那么成功对你来说可能只是暂时的。有些人碌碌无为，只会抱怨自己生不逢时，把失败归罪于外因，忽视了内因的作用。殊不知，离开了自己的主观努力，不懂得发掘自己的潜力才是失败的根源。发掘你的无限潜力，不仅仅是在让你适应社会，更是在提升你的竞争力，只有具备了强有力的竞争力，才有可能改变自己的现状，才能有发展的机会。

第六节　接受别人的批评与意见

几乎每个人都喜欢听到赞美和肯定，而不愿听到批评和否定，一听到批评的话，眉头就会皱起来，脸上也出现了不愉快的表情。然而，只要我们静下心来想一想，就会发现批评有多么难能可贵了。我们都不是完美的人，有诸多的缺点，批评正是揭发这种缺点的一种好方法，我们不仅应该接受，更要欢迎别人给自己提意见、提建议。有思想的人都非常希望别人将他们的意见提出来。

在职场中，有太多的人不愿接受别人的意见，因为他们总认为自己是对的，这种想法使他们没有改进自己的余地，也在通往成功的路上设下了障碍。而且平常拒不接受建议，等到了真需要别人建议时，别人也不会积极地提意见了。没有人提意见的人生一定很悲惨，在事业和生活上一定不顺利，生活情趣也一定会降低。许多人的最大缺点之一是缺乏率直的心胸，不善于接受别人的意见，不愿集思广益。固执己见、不肯接受别人的批评与建议，将阻碍我们的职场发展。

明朝时有一对兄弟，在外出打猎时发现了一只正在飞翔的大雁，正要弯弓搭箭去射，哥哥说："我们射下来以后炖了吃，鲜嫩。"弟弟不同意说："大雁就应该烤了吃，肥美。"兄弟俩各执一词，互不相让，争论不休，所以只好请土地爷来公断，土地爷倒公正无私，判为炖一半、烤一半。兄弟俩觉得公平所以都高兴了，可是等他们再去射雁时，大雁早已飞得无影无踪了。这就是"兄弟争雁"的故事。兄弟俩都固执己见，不肯相让，让到手的大雁也飞了，到头来连一根雁毛都没得到。这个故事告诉我们：不要一味无休止地去争论做一件事的方法，而错过完成它的机会。在职场中，大家难免会因意见不同而发生争论，当别人提出某些看法或意见时，争论不休是没有意义的，学会聆听、学会分析才是聪明人的选择。

工作中我们会碰到很多类似的事情，例如，开会时每人都坚持自己的意见，最后不欢而散，既影响了工作，又影响了同事间的和睦相处。也许大多数人都觉得自己是对的，别人给自己提意见是在管闲事，或根本就是有意针对自己。可是你有没有想过，一个人的智慧和知识总是有限的，只凭自己的智慧和知识，不一定能有正确的判断。而错误的判断往往会导致意料不到的失败。如果这种失败只使一个人痛苦，还算是万幸，但是如果波及到周围的人或使公司都蒙受损失，就十分严重了。

吴小姐在一座中等城市的居民区投资十万元开办了一家香水店。也许大多数人都觉得，消费者买回去的进口香水用完了，可以随时到这里花较少的钱添加香水。吴小姐想当然地认为，这样相对廉价的香水肯定能够获得普通消费者的欢迎，而且市场也大，利润一定相当可观。所以她选择的店址是在一个十几年前建造的老居民区里。一切就绪，正准备开业时，一个朋友给她泼了一头凉水，建议她换个地方开店。但是头脑发热的她根本听不进去任何意见，还没等她朋友把话说完就转身离去了。令她没想到的是，由于老居民区里居住的大多是普通工薪族，他们对香水的消费需求非常少。接连几个月，香水店的经营都处于亏损状态，吴小姐一筹莫展。

她很后悔当初没听朋友的建议，于是她又找到这个朋友，表示很后悔自己当初固执的态度。朋友说："卖香水最关键的一点就是找到合适的客户，香水店里的高档香水价格虽然比专卖店低，但还涉及一个消费习惯问题。把店址选在平民社区，虽然能得到一部分低收入顾客的认可，但顾客总量很少，利润总额也就难以保障。如果选择偏高档的住宅小区开店，那里的顾客群具备高档香水的消费能力和消费习惯，又懂得识别香水的价位，自己再把店布置得清新优雅一些，那就一定能吸引客户。"听了朋友的建议，她猛然醒悟，于是重新选址开店。这回她轻轻松松赚钱了，每月盈利两万多元。半年后又增加了批发业务，不到一年就已经获利上百万元。

在复杂的社会中，人类显得是那么单薄。而复杂多变的职场也时刻提醒我们的大脑不要过于简单，多听别人的意见甚至是批评，就能了解更多的观点与信息，对自己的成长与进步是非常有利的。固执己见是一种消极的癖性，心胸开阔才是应有的态度，前者会导致失败与孤立，后者则是成为行业精英的保证。所以我们要虚心听取别人的意见和批评，这样才能使自己不断进步。

的确，能虚心接受别人批评建议的人才能成就大事。有一次，为了取悦一个很自私的政客，林肯签发了一项命令，调动了某些军队。作战部长史丹顿不仅拒绝执行林肯的命令，而且大骂林肯签发这种命令是笨蛋的行为。结果怎么样呢？当林肯听到史丹顿说的话之后，很平静地回答："如果史丹顿说我是个笨蛋，那我一定就是个笨蛋，因为他几乎从来没有出过错。我得亲自过去看一看。"林肯果然去见史丹顿，他知道自己签发了错误的命令，于是收回了成命。只要是出于诚意的批评，就会正视它，这正是精英们明智的地方。

无论你是小人物还是大人物，难免会遭遇别人的批评。小时候，是你的父母对你提出批评，长大后，是你的师友、你的同事……他们或者善意教导，或者毫不留情地斥责。同样地，你会常常批评别人，给别人提意见、提建议。那么，你是如何对待别人的批评呢？你是把所有的错误都归咎于别人，认为别人总是刻意伤害自己，并时时刻刻认为自己是完美无缺的，还是仔细聆听，虚心接受那些正确的意见？

我们要积极地接受别人的批评，把它作为自己前进的向导，努力改进自己人格上的种种缺点。凡是有头脑的人，都勇于承认自己有缺点，并欢迎别人以批评的方式来揭发自己的缺点。这些愿意接受别人批评与意见的人总是以客观的态度来衡量别人的批评，利用别人的批评来看清自己的行为，如果确是自己错了，便积极改正过来。的确，接受别人的意见对于自己是非常有益的，好话要听，指责和抱怨的话也要听。没有人一入行就是行业精英，他们都是通过别人的不断提醒，来不断纠正自己的缺点，吸收别人的意见，从而改变自己、完善自己。

第七节　从你最了解的行业入手

古人曾说："闻道有先后，术业有专攻。"的确，每一个行业都有自己的一套规则和规律。不熟悉这个行业而贸然进入，就如同进入一个黑暗的房子，不知东西南北，容易失去方向，碰得头破血流。有选择就有风险，而我们必须要对自己所要进入的行业有所选择。在与风险的博弈中，除了那些不可控制的因素外，我们应如何控制风险，把它最小化呢？当然是选择自己最熟悉的领域、最了解的行业。

每个行业、领域都有其自身的特殊性，有不同于其他行业、领域的技术、技巧和方法，相互之间存在这样那样的差异。大千世界包罗万象，需要众多的行业组合支撑，就像日常生活用品异常繁杂一样，各种物品都要有人凭技艺去制造和生产。一个人是不可能行行皆通的，我们唯有从自己最了解的行业入手，才最容易创造出卓越的业绩，成为行业精英。

前几年，互联网市场热火朝天。一位房地产老板看得眼热，他以为只要找几个懂网络的大学生做技术，自己又有多年的房地产管理经验，经营一个小网络公司应该没问题。于是他用大量的资金购买设备，招聘人员，开了一家IT公司。后来技术部设计出了软件，但是推销不出去，软件的销售渠道和管理方式都与房地产管理方式大相径庭。对IT行业一窍不通的他投入了上千万元资金，可是卖出去的产品寥寥无几，只好关张了。

当今社会的竞争已到了相当激烈的程度，业内的行家里手存活尚且不易，何况一个外行人？什么该做，什么不该做，你不知道；哪里是陷阱，哪里是坦途，你还不知道，那你只有处处被动，时时挨打的份儿。成大事者往往是选择自己熟悉的行业、熟悉的领域，这样事业成功的概率才会是最大的。被誉为“经营之神”的松下幸之助，创业之初之所以选择生产电器插座项目，是因为他在这一行当过学徒工，对这一行熟悉并且有特长；被誉为“领带大王”的企业家曾宪梓之所以经营领带项目，也不是无理由的，他曾在哥哥的领带厂里打过工，对领带的生产技术和经营管理都很熟悉。可见，选择自己熟悉的行业和项目是成功的关键。

英国前首相丘吉尔有过这样一次经历。1929年，他的老朋友、美国证券巨头伯纳德·巴鲁克陪他参观华尔街股票交易所，那里气氛紧张热烈，深深地感染了丘吉尔。丘吉尔忍不住玩起股票了。他的头一笔交易很快就被套住了，这叫他很丢面子。他又瞄准了另一只很有希望的英国股票，但股价也没给他面子，一路下跌，他又被套住了。如此折腾了一天，丘吉尔做了一笔又一笔交易，陷入了一个又一个泥潭。截止到下午收市时，丘吉尔已经资不抵债要破产了，这样的结果让他惊呆了。正在绝望之时，巴鲁克递给他一本账簿，上面记录着另一个丘吉尔的“辉煌战绩”。原来，巴鲁克早就料到像丘吉尔这样的大人物，即使头脑再聪明，在股市之中未必有用武之地，对丘吉尔来说股票行业是一个完全陌生的行业，加之初涉股市，很可能会赔了夫人又折兵。因此，老朋友提前为丘吉尔准备好了一根救命稻草，并吩咐手下用丘吉尔的名字开了另一个账户。

对行业了解比较深刻的专业人士，在分析问题和解决问题时，往往更容易理清思路，找准问题的症结所在，更容易快速地解决问题。如果你对行业的了解程度较浅，那么不管是解决问题，还是作出决策，甚至是完成本职工作，都是有难度的。任何一个企业在招聘员工时非常注重这一方面的考查。对企业来说，只有对本行业有深刻了解的人才是他们需要的。不管在哪儿工作，做什么行业，对所在行业的深刻了解会使你的事业如鱼得水。要想成为行业精英，对行业进行深刻的了解是非常有必要的。正是这种差异性，要求人们必须干一行研究一行、精通一行，努力成为行家里手。

第八节　从小事做起

没有人生来就是做大事的，那些成功者对工作中的任何小事及细节，决不采取敷衍应付或轻视懈怠的态度。许多渴望成功的年轻人，常常会陷入这样一个误区：他们认为，既然自己想要成功，那就应该去做轰轰烈烈的大事，不应该去做一些谁都能做的小事。在他们看来，好像只有不做小事才能显示出自己的胸怀大志和与众不同。许多人都有这样的思想：只想做大事，而不愿意或者不屑于做小事。因而，想做大事的人太多，而愿意把小事做好的人太少。实际上，随着经济的发展，专业化程度越来越高，社会分工越来越细，真正所谓的大事实在太少。成功的人不是把大事做得怎么样，而是将小事做得几近完美。

小事，体现智慧；小事，决定成败；小事，改变命运。海尔集团首席执行官张瑞敏说："什么是不简单，把每一件简单的事情做好就是不简单。什么是不平凡，把每一件平凡的事情做好就是不平凡。"很平实的语言，却包含有很深刻的哲学道理。如果你真的想要成功，就千万别看不起身边的小事，就一定要摆正心态从身边的小事做起。许多人所做的工作都只是一些琐碎的事、具体的事、单调的事，它们也许是鸡毛蒜皮，也许过于平淡，但这就是工作，这就是生活，这就是成就大事不可缺少的基础。因此，不管是做人还是做事，都要注重细节，从小事做起。

老赵和小李都是一家石油公司的货运司机，老赵已经在这家公司干了二十多年，而小李是半年前才应聘到这家公司上班的。小李常常嘲笑老赵对工作过于一本正经，用他的话说就是："如此简单而卑微的工作，实在没有必要把它太当回事儿，只要我们保住这个饭碗，能维持一家人的生活就足够了。我们要把精力都放在大事上。”但是老赵却不这么认为，他在每一次出车时都要用心地检查车辆的状况，还要检查车上的石油罐是否有隐患。在小李眼里，老赵所做的一切都是“多此一举”。有一天，小李准备和老赵一起去送一批货，小李已经跳上了车，但是正在检查自己车上货物的老赵看到小李车上有一罐石油没有封紧，而且小李的汽车底下还漏油，于是老赵让工程人员迅速把那罐有问题的石油换下，小李的汽车也因存在严重问题而停止营运。结果就在当天，他们的另外一位同事因遇上了和小李同样的问题而在行驶中车毁人亡。小李现在提起这件事还有点后怕，这次与死神擦肩而过的经历让小李终于明白：不重视小事的人不仅做不成大事，甚至就连本职工作都完成不了。而且很多时候，正是小事影响着职业发展，关系着生命安全。

所谓大事与小事都是相对的。小事做好了，可能带来许多好的大事。对于有梦想的人来说更是如此。而如果小事做不好，大事也很难做得令人满意，这应该是可以成正比的逻辑推理。所以，想做大事首先得把小事做好、管好，管好了小事你才能管大事。在通往成功的路上，真正的障碍有时只是一点点疏忽与轻视。许多年轻人都胸怀大志，满腔抱负，却不知道成功往往都是从点滴开始的，甚至是细小入微的地方。如果不遵守从小事做起的原则，必将一事无成。

世界汽车业巨头、美国福特汽车公司的创始人福特大学毕业后去一家公司应聘。那时资质平平的他在面试的人当中算不上出色。当前面的人面试完毕之后，他觉得自己没有希望了。然而，既来之，则安之，他敲门走进了董事长的办公室，一进去，他发现进门的地上有一团废纸，便弯腰捡起来，顺手扔进了废纸篓，然后来到董事长面前说：“我是来应聘的福特。”董事长没有向他提出任何问题，当即宣布他已被录用。福特就这样进了公司，不久便名扬天下，使美国的汽车产业一度在世界上独占鳌头。他把重视细节和小事的优良传统很好地贯穿在福特汽车生产销售的各个细节中。

要知道，工作其实是由一些小得不能再小的事情构成的，一个不愿做小事的人，是不可能成功的。老子就曾告诫人们："天下难事必作于易，天下大事必作于细。"要想比别人更优秀，只有在每一件小事上多下工夫。大量的工作都是一些琐碎的、繁杂的、细小的事务的重复。这些事做成了、做好了，就是为成功奠定了基础；一旦做不好、做坏了，就使其他工作和其他人的工作受连累，甚至把一家公司搞垮。

要问谁是最成功的零售商之一，沃尔玛当之无愧。沃尔玛这几十年蒸蒸日上，而且不断扩张。在全球经济不景气的情况下，沃尔玛仍然以良好的速度增长。沃尔玛成功的秘密就在于它注重细节，从细节中取胜。你能在小事上赢得成功，在大事上才能不失手。沃尔玛的竞争对手斯特林商店开始采用金属货架以代替木制货架后，许多人觉得这点小事影响不了什么，但沃尔玛创始人山姆·沃尔顿认为，竞争拼的不是大事上谁主沉浮，而是在细节上谁能展现优势，于是立刻请人制作了更漂亮的金属货架，并成为全美第一家百分之百使用金属货架的杂货店。沃尔玛的另一个竞争对手本·富兰克特特许经营店实施自助销售时，沃尔顿连夜乘长途汽车到该店所在的明尼苏达州去考察，回来后也开设了自助销售店，当时是全美第三家。细节决定了成败，沃尔玛认真记录分析每一个商业数据，用通信卫星为每一家客户服务。沃尔玛全球4000多个店铺都装有卫星接收器，每一个消费者在其任何一家连锁店进行交易时，客户的年龄、住址、邮编、购物品牌、数量、规格、消费总额等一系列数据都被记录下来，送进企业信息动态分析系统。沃尔顿说："我如果看不到每一件商品进出的财务记录和分析数据，这就不是做零售。"就是因为做好了这些细节，沃尔玛在零售界身居老大的位置才无人能动。

如果你真的想要成功，就一定要克服志大才疏、眼高手低、好高骛远的坏毛病，从身边的每一件小事做起。每一个所谓的大事都是由许多小事构成的，每一个做大事的人也都是从小事做起的。许多人总以为大丈夫处事，当不拘小节，志在扫天下，殊不知，大事皆由小事而成，小事不愿做、不屑做、拒绝做，大事就只能成为空想。做小事不仅是一种做事的方法，更是一种人生态度。学历高低只能证明你的文化程度，工作经验只能说明你过去的业绩与辉煌，并不能代表你的能力。企业用人，不仅要看你的知识结构，更要看你的做事能力，不会做小事的人肯定也不会做大事。做行业里的精英更要从小事做起，把基础做扎实了才能有腾飞的那天。从现在做起，从本职工作做起，既胸怀大志，又脚踏实地，在小事中历练自己，逐渐成为行业的精英。

第九节　人往高处走，跳槽有策略

漫漫职场路，没有人一辈子只从事一种行业，只就职于一家公司，跳槽几乎是我们每个人都必然经历的事，你也在准备跳槽吗，你知道跳槽之前应该做什么吗？当你开始认真思考这些问题的时候，说明你已经开始关注自己的职业发展了。但是，你必须明白：跳槽并不意味着你就一定能够取得职业的成功，这个时候，讲究跳槽的策略才是理性的做法。既然职业发展是我们人生的一部分，那么，我们更应该去正视和对待我们的职业发展，而跳槽的技巧关系到我们职业发展的成败。

首先，大家要弄明白什么是跳槽？简单来讲，跳槽就是指人离开原来的工作，另谋高就。跳槽是一门学问，也是一种策略。跳槽的目的是为了让我们的职场有更好的发展，正所谓“人往高处走”。但是，人人都想往高处走，那么我们就需要思考几个问题：为什么要走，怎么走，什么时候走，要走到什么高度，走了以后怎么办？这些问题看似简单，但是很少有人认真思考了以后才行动，从而盲目跳槽，本来打算跳了以后大展宏图，但是结果却没有达到自己要走的高度，还浪费了时间和精力，所以说跳槽不是说做就做的事，是要求我们事先想好、仔细计划后才能有的动作。

魏小姐在一家公司工作快十年了，绝对属于元老级人物了，之前她从来没想过要跳槽。有一天，一个朋友对她说：“你在这家公司工作这么多年了，发展空间已经十分有限了，为什么不出去看看别的天地呢？换个工作环境可能就有了新的希望。”魏小姐也觉得这话有道理，正所谓人挪活树挪死，而且自己在这家公司也基本上做到顶尖了，想要换一家公司谋求新的发展。魏小姐很快找到了一家广告公司工作。但是仅仅过了半个月，魏小姐又想换一家公司，原因是这家广告公司给员工提供的发展空间大不如之前那家，而且工作环境给人压力非常大，公司运营体系也不完善。她在跳槽之前从来没想过去了解一下这些问题，所以她现在非常后悔自己当初草率地作了选择。于是，她吸取了前一次跳槽失败的教训，首先思考了一下自己跳槽的目的是什么？然后，她又认真思索了自己要跳的方向是什么，对新工作有什么期许？她希望找到一家公司，能给自己广阔的发展空间，并不想跳了以后就工资翻倍，只要在自己的领域尽情发挥，钱自然随之而来。在投简历前，她对几家比较理想的公司作了了解，选了三家符合她意向的公司，有目标性地投了简历，并成功地通过面试开始了新的工作。这次魏小姐的跳槽显然不是盲目的，她在跳之前做了一系列的工作，找到了符合自己发展要求的公司，所以一年后魏小姐顺利地进入了公司的领导层，收入也颇丰。

魏小姐的经历告诉我们：跳槽是一种策略，要讲究方法，才能跳得高、跳得稳。现实生活中，导致跳槽的因素有很多，盲目辞职不仅会带来压力，甚至会面临一定的风险，需要三思而后行。你首先要明确你的跳槽意图是什么，是想清楚后主动作的选择，还是因为对目前的工作现状不满意，不得已而为之。一些有能力的人为了更好地发挥自己的潜力，得到更广阔的发展空间，实现自己的职业规划，就在积累了足够的力量和作了充足的准备后，有目标地主动跳槽，从而实现了“人往高处走”。还有一类人，觉得自己目前的工作现状很糟糕，他们抱怨工作中的种种不满，而且认为解决这种不满的方法应该是跳槽，而不是查找自己的原因、完善自己、使自己达到一定的能力后再跳槽，再加上身边有人鼓动，他们就试探性地跳槽，没有明确的目的。结果可想而知，他们可能越跳越不如从前。

的确，现实中很多人是对现有工作不满才会想到跳槽，人际关系不好、工作太久产生厌倦都会使某些人产生跳槽的念头。而这些人为了尽快地改变现有的状态，往往缺乏准备，“病急乱投医”。要想跳得更快、更高、更远，首先要了解自己为什么想跳，结果是不是真如自己所想象的那样。接下来，必须要找好“下家”，对目标公司作非常详细的了解，并进行选择。特别是跨行业跳或往优秀企业跳，一定要知己知彼，作好充分的准备后再去实施最后的完美一跳。

小兰毕业后在一家跨国公司工作。在实力雄厚的公司，她的职业发展非常顺利。她很满意这份工作，包括薪资待遇、人际关系、公司环境等各方面。然而工作几年以后，她有了换工作的想法，因为她分析了一下公司的形势：公司前几年快速壮大，现在已经进入平稳发展期了，所以给个人的发展空间就有限了，而且升职速度十分缓慢。在这样人才济济的公司里，一般的员工得三年以上才能升职，能力强一点的员工也得将近两年。小兰分析了一下，现在自己都30多岁了，不像那些刚进公司的年轻人有时间去积累经验，可以再慢慢熬，再等个三至五年就过了自己的事业黄金发展期了，所以她要跳到一家有继续发展空间的公司，可能待遇暂时没有现在好，但是用不了多久，凭自己的能力，高薪不是问题。她跳槽的目的就是让自己的能力得到充分发挥，从而实现自己的职业目标。于是她去了一家外资企业发展，这家公司这几年发展得非常好，而且年底就要上市了，在这家公司只要你有潜力可挖就能有发展的空间，非常符合小兰跳槽的目的，所以她来到这家公司工作是她职业生涯的一次正确选择，是一次成功的职场规划。

能在就业压力如此之大的纷繁职场中跳来跳去，进而找寻真正适合自己的职位，这不失为一种超强的能力。但是在跳槽之前你是否了解自己为什么要跳槽，或者说跳的目的是什么？如果你是在明确自己实力的前提下，结合客观事实分析利弊后作出的选择，那么你的跳槽是成功的，对你的职业发展是有利的。反之，盲目地跳槽换来的只有失败。

每个人都可能会面临跳槽这个行为，人往高处走，跳槽无可厚非。但为什么跳、能不能跳、什么时候跳、怎么跳却是个问题，一定要审时度势、结合实际来作出选择。当然，在选择的过程中，并非每个人都能做到从容不迫。跳槽的时机是否已经到来，自己是否真的确定了前行的方向，未知的空间又能否真正接纳自己？相信这些问题对于成功跳槽的人来说都是深思熟虑过的。当你真的到了非跳不可且具备了跳的资本的时候，那就鼓起勇气勇敢自信地跳。这一跳定会更高、更远、更好。

第5章

人生的另一个规划：创业

第一节　把握机遇，成事在人

可以说，人一生的命运就是由一连串的机遇联结而成的。自己的一生是否精彩，关键在于能否抓住这些机遇。在人的一生中，会遇到很多的机遇，但是机遇稍纵即逝，拥有智慧、能够抓住机遇的人，往往就能离成功更近一步。每个人都是自己命运的设计师，每个人都是自己命运的建筑师。要不失时机地抓住天时之利，更重要的是坚守“成事在人”的底线，经过夜以继日的奋斗，孜孜以求的努力，最终使得心中的理想实现。创业更是如此。

当今社会事业成功者数不胜数，他们有凭实力的，也有靠机遇的。机遇往往是大事业的开始。如果客观条件类似，成功与否通常掌握在人们自己手里。有人说过这样的话：百万富豪只有在经营实践中本着创新精神，才能在无穷变化的商场中抓住机遇，抢占商机，赢得巨额财富。愚蠢的人一次次以种种借口坐失良机，而聪明的人能够把一般的机遇利用到极致，甚至创造机遇。

有一个小伙子，非常善于动脑筋。在他家乡有一条很宽的河。有一天，突然有一个消息传到了村里，说是河对岸的山上有座金矿。各地的商人闻风纷纷前往河对岸，但是由于地势问题河水十分湍急，乘船前往经常翻船。于是这个小伙子用了几个月时间在河上修了一座桥，来来往往的商人从这经过，为了感谢小伙子修桥给他们提供方便，所以每次经过都给小伙子过路费，从此小伙子发了大财。后来他种植的苹果获得丰收，每年都有大批的苹果运往各地。当村里人都争着栽果树时，小伙子却种植了大片柳树，然后用柳条编成筐，卖给那些果农，很快他的筐就销售一空，小伙子也就家财万贯了。有了钱的小伙子决定在他们镇上开一家服装店，当时受港台时尚潮流的影响，周围的许多城市都流行西装，小伙子觉得他们镇很快就会挂起这股港台风，开始流行西装。他的预想果然没错，他开的这家服装店生意非常红火，最高的销售额一天有几百套。现在他的服装公司已经扩大到全国连锁了。这个小伙子在小村庄里发现了商机，积累了资本，有了钱后他并没有自满自足，而是不断地寻找新的商机，随时随地把握先机，把握别人不易发现的机遇。

对于机遇，法国学者培根说过一段这样的话："幸运的时机好比市场上的交易，只要你稍有延误，它就可能掉价了。"所以，当机遇摆在你面前时就看你能不能快速抓住它。在通往成功的路上，总有那么一些人常常哀叹命运的不公，说上天没有赋予自己良好的发展机遇，其实不然，上天对待每个人都是公平的，在给予别人机遇的同时，也在给予你同样的机遇。每个成功者的背后都有许多条交错往复的路，而机遇就像是立在每条道路口旁的路标，指引着善于把握时机者踏入成功之路，而抛弃无所用心者于迷茫之中。也许，那些机遇的到来并不是那么明朗，完全是在你不可预料的情况下出现的，这个时候想要获得成功，关键就在于你把握和捕捉机遇的能力了。

在很多年前，有个怀揣远大梦想的年轻人要到美国旧金山去经商，和他一起乘船出去闯世界的有许多人。这个年轻人除了别的商品外还带了些帆布，以供其他淘金者做帐篷用，因为他了解到旧金山人一针一线都需要从外面进口。他带的许多日常必需品在船靠岸以前就销售一空了，只有那些帆布还在。下船后，他带着这些帆布开始了自己的创业历程。但是，不管怎么推销，他的帐篷都无人问津，他很奇怪为什么会出现这样的状况。一天，他遇见了一个挖金的矿工，矿工的裤子磨得破旧不堪，于是他询问："为什么裤子破成这样了你还穿。"这个矿工抱怨道："这裤子太不耐穿了，没几天就磨成这样了。"这个年轻人如梦初醒，原来这些淘金的矿工需要的并不是帐篷，而是挖金时经磨耐穿的裤子。于是他和一个裁缝合作，用当初要做帐篷的布给这个矿工做了一条裤子。那个矿工回去之后，就像一个活广告，消息不胫而走，所有的工友都想拥有这样一条耐磨的裤子，所以，大量订货迅疾而来，就这样，年轻人开始了自己的事业。

机遇往往是在最危急的时刻来临的，一旦你把握住了，前途就会一片光明。正如故事中的年轻人，面临困境时也深知要抓住前所未有的机遇。有位智者曾说："最有希望的成功者，并不是才华出众的人，而是那些最善于利用每一个时机去发掘开拓的人。"这个年轻人之所以能成功是因为他能够把握时机，不但改变了自己帐篷卖不出去的困境，而且发现了新的商机，做起了裤子的生意，实现了他成功创业的梦想。在能够把握机遇并且充分地利用机遇的人那里，机遇时刻都存在着，对机遇就像有经验的船夫利用风一样，两者之间似乎有一种默契；而在对机遇毫无知觉、也不会很好地利用机遇的人那里，即便机遇来到眼前，他也不能及时抓住，常常让机遇白白地失去。可见，只有善于发现机遇、把握机遇，才能真正淘到人生的第一桶金。

卡耐基说过："在商业活动中，时机的把握甚至完全可以决定你是否有所建树，抓住每一个致富的机遇，哪怕那种机遇只有万分之一的实现可能，只要你抓住了它，就意味着你的事业已经成功了一半。"创业更是如此，在创业的路上机遇就是明灯，它能告诉你该往什么地方走，你把握住了机遇后就是掌舵的船长，能朝着成功的海岸进发。

要想成功而又不善于抓住机遇，就很难成大事。创业者需要有足够快的速度来抓住机遇，而要抓住机遇靠的是什么？是你的准备。就像你去狩猎，等待了很久，猎物终于出现了，可你却没有准备好而放了空枪，只能眼睁睁看着猎物消失。所以在有了创业的想法后就要积极准备，这样机遇才不会溜走。

一个人要抓住机遇，首先要认识到机遇对于事业、人生的重要性，要研究机遇的特点和出现的方式，积极地寻求机遇，争取机遇，决不应在机遇到来时行动迟缓，疏于决断，造成一时甚至一生的缺憾。创业的过程就像登泰山，目标在金顶，中间还要经过无数个阶梯，在曲折行程中要善于发现机遇，这对于目标的最终实现是极其重要的。

那么怎样才能把握住机遇呢？一个犹犹豫豫的人永远也不会抓住机遇，要对自己有信心，盯住目标抓住机遇。机不可失，失不再来。发现机遇还要及时地付诸行动，不能守株待兔，因为在机遇面前，所有人都想抓住，每个人都在努力，你不前进就等于落后。只有及时地把握住机遇，你才能获得成功。想要把握机遇的人，想要改变自己生活的人，想要创业拥有自己事业的人，请你抓住机遇，把握机遇，让自己的人生活得更加精彩。

第二节 失败并不可怕

无论是想实现自我价值，还是想缓冲就业压力，自主创业已经成为许多人的重要选择之一。自主创业成功了自然可喜可贺，失败了也不用消极悲观。失败、挫折和磨炼是实现理想的垫脚石，更是加速成长的催化剂。因此，即使创业失败，也是人生旅途中的一笔宝贵财富。不可否认，失败会带给我们一度的消沉，但那只是暂时的。当失败过后，我们会变得坚强，变得成熟，变得有魅力，这时我们才觉得，失败的降临就像是岁月早已为自己定下的一份缘，是我们事业发展中必不可少的甘露，所以，我们应当感谢失败带给我们一生的财富。人生不可能不经历失败与挫折，不经历风雨，怎能见彩虹呢？这句话一点也不错。即使你遭遇多么大的挫折和失败，也要用你的信念、决心和对成功的向往将其化解。

当创业成为一种时尚，当下海本身的符号意义超越其实质性含义时，创业的泡沫就蔚然壮观了。但创业决不是儿戏，市场不相信眼泪，不会因为你是天才，受了委屈就同情你、怜悯你。对一些人来说，失败是毒药。一些高人之所以变成庸人，是因为他无法应付失败。许多人之所以成为高人是因为他们能超越失败。创业者往往还没有享受完开张大吉的喜悦，各种各样的麻烦就接踵而至，由于缺乏经验和心理准备，创业者整天忙得焦头烂额，晕头转向，失败在所难免。可能你伤心、绝望，从而选择放弃，但是你有没有想过，这也是你的宝贵经验。

小李大学毕业后考上了国家公务员，在邮电部门上班。在常人眼里，如果能成为公务员，意味着一辈子的工作就不愁了、稳定了。可是在岗位上工作一年后，小李觉得这份工作很乏味，认为公务员的工作虽然稳定，但缺乏自我挑战性。于是小李辞职下海了，在远房亲戚的资助下创办了一家数码销售公司。他首先看到了当时在校园兴起的MP3热。为此，他亲自去广州考察MP3的生产厂家。根据大学生喜欢时尚但购买力不强的特点，他选择了几款专门针对大学生用户的物美价廉的MP3产品。回来以后，他把销售地点选在高校聚集的地区，搭建美观大气的产品营销点，制作、发放大量的宣传海报，并把产品带进了校园。很快这些产品就得到了大学生的欢迎。取得了一点成绩以后，年轻气盛的小李情绪高涨。他开始大张旗鼓地招兵买马，增设营销点，扩大宣传力度，刚刚赚到的利润很快便被用于进一步的投资。但这时同期开了几家电子产品商店，竞争激烈了起来，恰逢又到冬季，本来就已进入销售淡季，小李的店受到严重冲击，由于周转资金全被压到货里，赚的利润交了房租都不够支付销售人员工资了。在苦苦支撑几个星期后，他意识到坚持下去只能是无谓地消耗资金，不得已解散公司，宣告初次创业失败。但是小李并不后悔当初辞去公务员工作自己创业，说起曾经的失败，他认为是一笔宝贵的财富，并没有把它当做是一种负担。自主创业往往只有成功和失败这两个结局，今天成功了，有可能明天会失败；今天失败了，有可能明天会成功。在商海，没有真正的失败者。

失败并不可怕，失败让我们在残酷的竞争中最先获得了宝贵的营养，为日后成长为粗壮的大树奠定了基础。失败并不可怕，可怕的是失去面对失败的勇气，创业中，大大小小的失败挫折我们都会遇到，如果我们没有一个良好的心态，没有一颗感恩的心，那么等待自己的将是一个更大的失败。有这样一个人，他22岁时生意失败；23岁竞选议员失败；24岁生意再次失败；26岁心爱的人永远离开了他；27岁精神崩溃；34岁参加国会竞选失败；45岁竞选参议员失败；47岁竞选副总统失败；49岁竞选参议员再次失败。在一般人眼里，这个已过半百的人还有翻身的机会吗？但是，他在52岁时当选总统，他就是美国总统林肯。现在你会认为他是个失败者吗？失败是成功之母，这句话说得没错，没有一个人能不努力就直接成功，天上是不会掉馅饼的。当然也没有人能从人生的第一步直到最后一步都是成功的。一个人只有脚踏实地，认认真真地去做每一件事，成功了、不骄傲，失败了、不气馁，这样才能成为一个成功的创业者。

怀揣创业梦想是一回事，实现梦想却是另一回事。现实中的强者就是屡败屡战练成的。他们最后用成功告诉我们：失败并不可怕，怕的是你不能在失败的地方爬起来。我们每个人所经历的事，所走过的路并非都一帆风顺。谁没有失败过，谁又能保证在创业的路上，不会经受一点风浪的打击呢？世界上的第一辆火车与马车赛跑时，竟然远远落在了马车的后面，这是一件多么失败的事情，但是火车的发明者史蒂芬孙并不因此而失落，他强打精神，不懈努力，对火车作进一步改进，为后来的成功打下了基础。如果他因失败而放弃了，说不定今天我们依然坐着马车走街串巷呢。由此看出，只要我们怀有一颗勇敢、坚强的心，失败了不要悲观，把风浪当成锻炼，挫折了不要气馁，困难就会被我们踩在脚下，胜利就会属于我们。

每一次失败象征一个新的里程碑，代表一次新的开始。我们应该好好地珍惜它，从中努力学习，那么我们才会进步。对于创业，尤为如此。尽管创业难、创业险，许多怀揣梦想的人仍然勇敢地走上了自主创业之路。经历失败会让人走向成功，有过成功也可能走向失败。成功的人，请你不要骄傲，继续努力，相信你一定会做得更加出色。失败的人，请你更不要放弃，继续追求你所追求的成功，因为失败未必是一件坏事，因为失败并不可怕，成功并不遥远。

都说商海是硝烟不会停止的战场，每一个奋斗着的创业者都生存得很艰难，因为商业上的成功与失败，随时会降临到自己头上，相信失败是每个人都经历过的。既然它是我们人生历程中所必须经历的，那么，我们就不能逃避它，必须勇敢地面对失败与困境。其实，失败并不是人生的绊脚石，相反它会成为人生的里程碑，成为前进的动力。一方面，它记下了我们曾付出努力的成果；另一方面，它又展示新的一页，有待我们用自己喜欢的颜色把它变得绚烂缤纷。在创业路上，为了心中的梦想大胆地前行吧，因为只要身在此处，就永远没有真正的失败与成功。

第三节　积累行业中的人脉

当你有了创业的想法，也许你发现自己没有特殊背景，知识水平一般，因此在创业的路途中需要处处小心翼翼。这时你是不是盼望着有朝一日遇贵人相助，从此飞黄腾达。其实你的生活中并不缺贵人，关键是看你平时有没有积累。人在创业时需要的不只是有多少钱，积累了多少经验，而更重要的是你认识了多少人，结识了多少朋友，积累了多少人脉资源。人脉就是财富，就是成功的秘诀之一。在好莱坞一直流行一句话：“一个人能否成功，不在于你知道什么，而是在于你认识谁。”想要创业成功，就要善于抓住一切机会去培育人脉资源与关系，其实有许多机会就在你身边，但你可能总是平白让它流失。

创业过程中，那些能给你帮助的人可能是你的朋友、过去的同事，甚至是萍水相逢的人。但是这些人不是时时刻刻准备在你身边去帮你，而需要你平时去积累，你要有这种意识，在艰难的创业之路上，人脉是关键。相对于行业知识，一个人在人际关系、人脉网络上的优势在创业中会发挥更大的作用。人脉就是财富，尤其是创业的过程中，你掌握人脉的多少直接决定着你创业的结果。

有个皮肤黝黑、个子不高的年轻人毕业后来到北京，打算从那里开始他的职场生涯。一段时间后，他找到了一家传媒教育公司，从一个小职员做起，慢慢积累了足够的经验、足够的资金，更重要的是积累了足够的人脉。这个年轻人准备自己创业开设一家传媒教育公司，他所积累的人脉都有助于他的成功。在以前的工作中，他非常重视自己所接触过的人脉，所以有众多的媒体朋友，还有许多世界500强公司的合作伙伴。所以他经营的这家传媒教育公司非常成功，他就是北京普尼科国际投资顾问有限公司总经理许飞。他的创业之路告诉我们，财富的积累其实就是人脉的积累。

许飞刚到北京租房子时，和他的房东成了朋友，房东名叫董功文，是花旗集团投资银行的中国区副总裁。董功文的太太是许飞的老乡，所以有很多话题可以聊，他们常常从人生聊到理想。在谈话的过程中，董功文发现许飞是个有理想的年轻人，对自己的未来有清晰的想法，别看这小伙子其貌不扬，谈起事业来却踏实稳重。董功文很赏识他，所以许飞在开创自己事业的时候得到了董功文资助的大笔创业资金，同时董功文还给他提了许多建设性的意见帮助刚刚创业经验不足的许飞。这对许飞来说是十分珍贵的。如今的许飞可以说是事业有成，年纪轻轻就掌控着高端金融和管理培训项目。许飞说，他能有今天的成绩首先要感谢的就是那些帮助过他的人，如果没有他们的指导和提携，只凭自己努力很难有今天的成绩。

也许，对你一生的前途命运起重大影响和决定作用的，也就是那么几个重要人物，甚至只是一个人。人脉如同血脉，四通八达、错综复杂的血脉网络，是人的生命赖以存在的基础。如果说血脉是人的生理生命支持系统的话，那么人脉则是人的社会生命支持系统。或许你觉得自己不会像许飞那么幸运能有机会认识像花旗集团投资银行的中国区副总裁这样的人物。可是许飞的人脉不是幸运遇见的，而是自己积累的。俗话说，多个朋友多条路，多个朋友就多个机会。有调查显示：一个人赚的钱，12.5%来自知识，87.5%来自关系。在这个信息发达的时代，想成功创业，掌握行业最新信息和动态是关键。信息来自你的情报站，情报站就是你的人脉网络，人脉有多广，情报就有多广，这是你事业无限发展的平台。所以，对于我们每个人来讲，人脉是非常庞大的资源，这种资源就在我们的身边，只要自己懂得把握和打理，这些人就能助我们成大事。

小秋今年30岁了，在一家公司做秘书工作，别人都觉得30岁的人了还做秘书工作，没什么发展前途。可是小秋不这么想，虽然秘书工作并不是一个发展空间巨大的职位，但是这项工作潜藏着一个优势：经常与人打交道。小秋正是看中了这一点，所以她认真做好这份工作，为以后的事业打基础。她跟着领导在通信行业里吸收大量的专业知识，提高专业技能，广积人脉。小秋虽然是领导面前的红人，但是她不骄不躁，与其他同事的关系都处理得恰到好处。同时她将平日搜集到的名片和联系方式认真整理、仔细划分，这样在关键的时刻才可以将这些人脉充分地利用起来。的确，这些都是事业发展的机遇。32岁的小秋开了一家通信器材公司，她最大的合作伙伴就是在做秘书工作时结识的，是一位有多年通信器材销售经验的行业精英。她公司的许多客户也都是以前积累的人脉。小秋懂得培植自己的人脉，聚积庞大的人气，所以她的创业之路顺利地开始了。

人脉是一个人通往财富、成功创业的入场券。人脉竞争力在一个人的成就里扮演着重要的角色。好人脉是成大事者的必备资源。当我们办事不顺四处碰壁的时候，如果有足够的人脉关系，我们一定会把这件事做好。

人脉在我们创业过程中的重要性可能大家都很清楚了，但是如何积累人脉是需要方法的。首先，我们要学会以诚待人，学会尊重和关怀别人，懂得感恩，乐于接受他人的想法和意见。人脉的积累是常年累月的，不管是一条人脉，或是由人脉伸展出去的人际关系网，都需要长期的付出与关怀。其次，要学会与人沟通，善于与人交流。沟通是建立人脉的渠道，语言是人际关系的桥梁。每个人总是在不断开发自己的人脉资源，建立自己的人脉网络，成功的人总是比失败的人具有更庞大和更有力量的人脉网络。所以，我们要尽量给自己创造一些条件去积累人脉，例如，积极参加一些社交活动，出席一些重要的场合，这些都助于你广识人脉。这些人脉总有一天将激活你的财富。

在现实生活中，有些人很有才华和能力，却与成功无缘，其重要原因就是缺乏良好的人际关系，缺少人脉资源。几千年来，这个道理已经被无数次印证。人脉不是现金，但它却是一种无形的资产，是一笔隐形的财富，如果你能发现它、挖掘它、积累它，它可以使你终身受用。人脉越宽，路子越宽，事情就越好办。现在就应该开始开拓人脉，规划自己的人脉网络，经营自己的人脉资源。几年后，你将会发现身边到处是可随时帮助你的人，可能一通电话、一发邮件即可解决你烦恼的问题，进而达成你的梦想、你的目标。每一个创业者都应当学会利用人脉为自己打开一扇通往创业成功之路的大门。

第四节　万事开头难

几乎每一个人都不想一辈子为别人打工，都想着有一天自己能够坐上老板的位置。这也是众多人心中“宁为鸡首，不为牛后”的心态。但是，想要自己当老板，必须要有“业”。业从何来？当然是自己创，但是很多人有创业的想法而又不敢实施，那么即使你有再强的能力、再好的条件也无济于事。创业的初始阶段无疑是非常艰辛的，走好了这第一步，就基本成功了一半。

“万事开头难”，这是我们常说的一句话。的确，无论做什么事情，走好第一步真的不容易。很多人在开始时就想放弃。其实，只要我们勇敢地迈出第一步，就会发现自己已成功了一半。人生选择的道路有很多，站在起点的岔路口，抬起脚的那一瞬间，很多人失去了勇气，害怕前方未知的失败与陷阱，犹豫不决，不敢前进，可往往就是这一步、这一秒，你就会落后，导致机会与你擦肩而过。所以，在你准备好创业时就要勇敢地跨出第一步，这就是你成功的起点。

一位63岁的老太太现在是一位名人，因为她做了一件很惊人的事，创造了吉尼斯世界纪录。她决定从纽约市步行到佛罗里达州的迈阿密市。她真的做到了，等到了迈阿密市，在那儿聚集了一群她的崇拜者。他们想知道，这种长途跋涉的想法是否曾经吓倒过她，她是如何鼓足勇气徒步旅行的？她回答道：“我所做的一切就是勇敢迈出第一步，我只是走了一步，接着再走一步，然后再走一步，一步一步地，我就到了这里。”也许有些时候，有些事会使我们感到畏惧，但是只要你迈出了第一步，给自己勇气，慢慢你会发现，其实它不难，我们的经历就是我们最好的收获。而且当自己真正迈出第一步时，一切都会水到渠成。

杨朔大学学的是计算机科学技术，毕业后他想和几个同学一起开一家IT公司，从事IT行业，学以致用。当他提出这个想法后首先遭到了家人的反对，家人希望他找一份安安稳稳的工作，因为IT行业的就业还是不错的。他的朋友也劝他慎重选择，说自己创业没那么简单，多少失败的例子摆在眼前。杨朔说："开始我也犹豫过，其实我对自己初期创业的路已经想好了，我这不是冲动的决定，是有长远计划的。做了充足的准备后，成功的关键是看你有没有勇气去迈出这一步，我知道自己创业这条路不好走，创业初期一定是困难重重，但我有这个信心克服困难。"于是，他说服父母借到几万元，开办了一个电子商务工作室，他和几个同学就在自己租的房子里开发软件搞起了电子商务。设计开发一款软件对他们几个科班出身的小伙子不是难事，但是如何把做出来的商品推销出去却是这些新手的难题。于是他们利用大量的时间在网络上搜索客户，挨个打电话预约，然后上门拜访。这样成功地做了几笔大单后，他们的工作室也小有名气，接下来产品的销路就慢慢打开了。杨朔建立的新公司季度创收50万元，除去父母借款和日常成本外，同学们每人小赚一笔，收获了创业生涯的第一桶金。

投身IT行业的杨朔用一句"苦得值得"来概括他的感受。他说："我创业一年后开始获利，现在还想扩大经营，我感受到了自己创业的自豪与喜悦。在这一年多中，我几乎没有休息过一天，每天只能睡上四五个小时，而且IT行业竞争很激烈，我们仍然在学习新的技术，我们会珍惜这来之不易的成绩。"对于那些想要创业的人来说，只要你肯迈出第一步，前方就必有路。一个人之所以成功，不是因为他的实力如何雄厚，或者他的运气如何好，只是因为他敢迈出常人不敢迈出的第一步。做任何事，只要你迈出了第一步，然后再一步步地走下去，你就会逐渐靠近你的目标，最终收获成功。

现在的广东恒兴集团董事长陈丹，在20世纪90年代初放弃公职开始下海从商，当时许多人认为这是一个冒险行为，但他还是勇敢地迈出了这一步。陈丹承认当初做起来确实非常艰难，起家时只有6000元，生活困难时曾以收麻布袋、开小米店赚取生活费。就这样，他坚持着努力经营自己的饲料门市部，做起了饲料行业的生意。如今，陈丹的公司已经发展成为年产值45亿元的大型民营企业集团。陈丹也被评为2005年度的“中国十大杰出青年”和“广东十大经济风云人物”。

陈丹勇敢地迈出第一步，成就了今天他的事业。创业其实并不是多么可怕的一件事，只要你肯迈出第一步，自然会有出路。有了开始，职场生涯就会大不相同了。你可以选择不迈出这一步，你也可以过得安定祥和，但是你的这一生就没有了精彩的亮点。创业需要勇气，要敢于创新、敢于实践。不管是成功还是失败，只要你已经迈出勇敢的第一步。

在创业初期往往困难重重，需要创业者有足够的耐力和毅力，事无巨细，都要自己亲自动手。创业不是一件轻松的事情。首先，创业者的业务能力要提高，自己做老板需要掌握的东西更多，应打起十二分精神提高业务能力、开发客户能力、综合应变能力等。其次，创业者还要善于培养自己的经营管理能力，特别是今天，经营管理能力更是重中之重。

创业之始，当你着手做一件事情的时候，你会感到很生疏，不知所措。如果不好好把握住每一个开端，那么所失去的不仅仅是一次机遇，更是一次成功。在瞬息万变的市场中，良机稍纵即逝，现在看起来是难觅的良机，再过一年可能就变成了鸡肋，所以一旦在上一步骤中看准了方向，就不要太过思前想后、患得患失，要舍得放下手中拿着的东西，这样才能抓住你真正想要的。为自己的目标制订出一个切实可行的步骤，然后勇敢地迈出第一步，这就是成功的一半。要想在商海中打拼一番事业，只有敢想敢干、毫不畏惧才是英雄本色。成功往往就在一念之间，只要你选择了开始，就等于你迈出了成功的一步。

第五节 敢为人先的魄力

在创业过程中，总会遇到各种困难和磨砺，成功需要我们练就敢为人先的魄力，具有敢于打破常规的胆量。在创业过程中，当我们面对难以解开的难题、难以应对的局面时，只有突破定式、打破常规，以超常思维来解决新问题，才能在事业上不断获得新的突破。这对于经营事业的成败具有非凡的意义，其功效就在于出其不意，独辟蹊径，而这恰恰是创业者所应具备的思维品质。

对于第一个吃螃蟹的人，永远是得到别人敬佩的，因为那需要一种大无畏的精神才可能完成。他出头了，且不论他的人生是否成功，至少他也告诉了后人螃蟹是种美味的食物。创业有时需要一些敢为人先的魄力，敢想敢做，敢于打破常规。出头不是一件总能赢得满堂喝彩的事，这需要承受很多我们想象不到的压力。我们都说“枪打出头鸟”，为什么他们还要出头呢？是因为他们有自己的理想，而想要达成理想就要有创新思维，就要敢于打破常规。如果你是一个新领域的第一个尝试者，即使是失败的，也是伟大的，新的领域往往给你新的机会、新的希望。走别人没走过的路需要有勇气和毅力，这条路注定是艰难的，但也是充满无限可能的，拿出一些魄力我们就能迈出这一步。

有这样一个故事。一个年轻人想要穿过沼泽地，因为没有路，他只好试探着走。虽然环境艰险，但左跃右跳，竟也能找出一段路来。可是好景不长，他未走多远，不小心一脚踏进烂泥里，沉了下去。几天后，又有一个人要穿过沼泽地，他看到了前人的脚印，心中暗喜，便想：这一定是有人走过，沿着别人的脚印走一定不会有错。于是，他用脚试着去踏那些脚印，果然实实在在，于是便放心走下去。到快要看不见脚印的地方，也一脚踏空沉入了烂泥。又过了几天，第三个人也要穿过这片沼泽地，看着前面两人的脚印，他喜出望外，想都没想便沿着脚印走了下去，他的结局我们可想而知。第四个人来了，他到达这片沼泽地前，看着前面众人的脚印，心想：这必定是一条通往沼泽地彼端的大道，因为已有这么多人走了过去，脚印依然清晰可见，沿此走下去我也一定能走到沼泽地彼端。于是他大踏步地走去，最后他也沉入了烂泥。

我们创业之路的前方是泥潭还是沼泽，是阳光大道还是一马平川，没有结果前谁都不能下结论。前方可以有一千条、一万条路，如果你只是沿着别人的路一成不变地走下去，又怎能收获新的成功呢？创业就是勇敢的尝试，任何成功都离不开对新事物的尝试，而且不妨多试几次，因为做事情不可能有绝对的把握，试一试总没有错。在一个封闭的思维模式里，很容易形成盲从和跟随，跟着别人走向死胡同，而获得成功往往需要打破常规的束缚。

有一个敢为人先的小伙子在烟草局工作，对于20世纪70年代初出生的人来说，能在这样的单位工作多令人羡慕，但在他结婚成家的那年却毅然辞去了工作回到老家。他觉得男人应该拥有一份属于自己的事业。当时，国家政策要求供销系统进行试点转制，将一些店面承包给个人。那个年代没几个人敢承包单干。因为承包这样一家小店，除了每月要上缴费用，还得发四五个工人的工资，镇上有家小店已经连续几年亏损了。这个小伙子却信心十足，他承包了一个小店，大家都觉得他是不是疯了，可是一个月以后他的小店靠批发香烟扭亏为盈了。在小店的生意稳定下来后，他就把小店交给家人打理，自己又跑到镇上一家工厂上班，这样可以有个双重保证。他在工厂里工作了五年，过着轻松自在的生活。这样舒服的生活别人羡慕还来不及呢，但这个小伙子觉得自己才30岁出头，年纪轻轻的太安逸不好，现在周围许多人自己做事业都经营得有声有色的，自己也要重新创业。20世纪90年代初期，电子行业还是个新兴行业，他们的小镇刚刚开发，条件还十分落后，以当时的环境投资这样一家电子企业，无疑是有风险的。而他却意识到，随着改革开放、外企增多，这种企业必定有发展前景。于是，他果断入股了这家企业。这一次投资依然换来了良好的收益。接下来的几年，做电子生意的人越来越多，竞争也就越来越大，效益就十分有限了。所以他决定停止做这行，转行做起了餐饮。改革开放初期，餐饮业非常红火，他把开办饭店的地点选在国际汽车城内的马路边，别人都反对他这么做，因为这条马路现在在修，人流量非常小，饭店开到这只会赔钱。但是他坚持自己的想法，就这样坚持了一年的时间，国际汽车城开始招商，这个地段变成了黄金地段，人来人往，他的这家饭店开得早就占据了最好的地势，发展前景可想而知。

这个小伙子敢想敢做、敢于打破常规的性格成就他几次成功创业。成就一番事业需要敢为人先，勇于创新，想人之所未想，见人之所未见。如果没有冒险与创新精神，创业的路你也走不太远。我们从小就被告知要循规蹈矩，稳稳当当，尽量与大家趋同，这也造就了大部分职场中人的悲哀。只有敢于打破常规的人，才会成功。不敢打破常规的人，只能在随波逐流中将自己湮没。

有些时候成功需要我们有一种出头精神，沿着别人的路走不仅走不出新意，有时还可能会跌进陷阱。对于走在创业路上的人来说，既要吸取别人的优秀经验，又要找到适合自己走的路。要有创新，不能盲目地复制别人的成功经验。一个人在创业之始能够洞察到新的形势，并发现其中的机会对成功是多么重要。尤其是在创业的最佳年龄阶段，追求成功就要敢于做一个“第一个吃螃蟹”的人，事事敢为天下之先锋。伟大的理想需要我们冲破繁文缛节，避免画地为牢，敢为天下先，创造出一片属于自己的天地。

第六节　绝地逢生的坚持

每个人都希望创业成功，每个人都想要找到打开成功这扇门的那一把钥匙，但是这条成功的道路并不是一帆风顺的。在众多的创业路上为什么有的人能够达到辉煌的顶点，有的人却选择了放弃？首要原因多是他们在自己的创业项目上没有定位好，最重要的是没有懂得坚持。《荀子·劝学》里有句名言："不积跬步，无以至千里；不积小流，无以成江海。"这句话的意思大家都明白。但要想"至千里"或是"成江海"，单纯的积累还不够，首先需要有清晰的目标，因为没有目标地"积跬步"，有可能只是循环往复而不能达千里；没有奔向江海的小流，最终的命运可能只是干涸。有了目标后，接下来我们需要的是坚持，"跬步"没有坚持走不了"千里"；"小流"没有毅力也很难到达"江海"。

有这样一个故事。在很久以前，有两个年轻人听一位云游四海的大师说远方的山上有金子，挖到金子就吃喝不愁了，因此他们两个决定一起去那座山上挖金子。到了大山上，他们开工了，挖啊，挖啊……过了十天、半个月、半年，都快一年了还没有挖到金子。这时他们在山上又遇见那位大师，那位大师告诉他们对面的山上有许多没有开采的石油，谁能挖到一定能发大财。其中有一个年轻人听到后，迫不及待地告别了他的伙伴，转身离开去对年的山上开采石油去了。就这样又过了几年，那个留在第一座山上坚持挖金子的人终于美梦成真，挖到了金子，过上了衣食无忧的生活。而那位在金山上没坚持下去的人，到了另一座山上，一段时间后没挖到石油又放弃了，最后沦为了乞丐。其实创业就是淘金，社会就好比蕴涵无数黄金的大山，但是它又坚又硬，谁都不能轻易得到，这些成功的人就是靠自己的坚持才实现梦想的。

在现实社会中，许多创业者不懂得坚持，今天感觉这个项目好，就开始忙碌于此，可是创业初期大事小事不断出现，一有问题就想放弃，承受不了压力，结果半途而废。明天又感觉那个项目不错，结果一腔热血地投身于此，却没有坚持的毅力，结果还是一事无成。真正的创业家为什么能够取得辉煌的成就，且在此后能够继续坚持原来的项目，以使其发展到更高的顶点，而有的创业者又为什么将创业项目做到一定阶段之后又选择了其他项目重新再创业呢？答案就在于“坚持”二字。真正的创业家懂得坚持不懈，从而能不断前进、一直向上，于是达到辉煌的顶点，令对手无法与之抗衡。而有的创业者意志不够坚定，就只能停留在不断创业的初级阶段，或半途而废，永远成不了大事。创业是艰难的，懂得用实际行动去坚持，你的金子才会越挖越多。

小宇从中医药大学毕业以后顺利进入一家有名的中医院工作，他被分配到理疗科，成为一名实习的理疗师。他的工作轻松而且待遇还不错，但是他实在不喜欢那种工作环境，于是他决定自己出来闯一闯。现在中医越来越热，人们对健康越来越重视，小宇觉得开一家私人理疗诊所前景应该不错，就像在他们医院每天理疗的人都络绎不绝。就这样，他同自己的一位朋友合伙，两人向亲戚朋友借了一万多元开起了一家只有十几平米、两张床的小理疗诊所。小宇说：“如果有资金，就可以租大一点的店面，店内的设施也可以再好些。对于白手起家的创业者来说，想短时间积累大量的资金不太可能。”创业初期他们吃了不少苦，那时恰逢冬天，由于天气冷，理疗店又无取暖设备，连续一个多星期没有一个客人，一个月的收入连房租都不够。“这就是赔钱的买卖，别干了。”家人都劝他，就连同伴也坚持不住撤出了，这对小宇的创业来说更是雪上加霜，但他没有放弃，四处借钱渡过了这个难关。冬天终于过去了，天气转暖，上门的顾客也逐渐增多。他想了个办法宣传自己的小店，就是借助中医药大学和中医养生的名气来提升小店的知名度，很快知道他的顾客越来越多，口耳相传，大家都看重了小宇的中医理论知识和推拿技术。就这样，小宇的生意也慢慢好起来，收入稳中有升。但是每个月除去房租和成本，剩下来的钱不到2000元，刚刚够生活。这时，有一家理疗店看中他的技术，多次向他提出以每月4000元的底薪聘请他当高级理疗师，可都被他拒绝了，他对自己的事业有信心："创业不可能一帆风顺，前期一定是苦的，我有这方面的准备，想成功就要有始有终地坚持，不能半途而废，很快我就能看见曙光。"和他一样选择自己创业的几个同学没坚持几个月就都放弃了，有的进了医院当医生，有的现在都还没有稳定下来。相比之下，自己有了这个店也算是自己的事业，况且客源还不错，发展前景应该很好。他省吃俭用把赚到的钱攒起来，又借了一点钱租了一个大的店面，能摆下20张理疗床，然后精心装修了一下，他的事业慢慢地上了轨道。如今他的小店已经开了五年了，热情的服务、纯熟的技术让小宇的理疗诊所成了尽人皆知的保健场所。现在这家私人理疗诊所已有多名专业的中医师、推拿师和保健师，成了一家颇具规模的理疗诊所。他的许多师兄师妹都在这家有名的诊所实习、工作。

小宇在谈起自己的创业之路时说："创业初期，我尝遍了酸甜苦辣，但是我并没有放弃，碰到能解决的问题却解决不了，心里感觉是酸的，我选择了坚持，所以我尝到生意一天天好起来的甜滋味。虽然我的事业比以前稳定了许多，但是我还处在创业初期，各方面的压力都比较大，我需要的依然是坚持。"坚持就能成功，成功贵在坚持。珍贵的雪莲总开在万丈冰崖之上，只有那些不畏严寒、坚持不懈的人才能得到；绝美的风景总藏在陡峭的险峰之巅，只有那些敢于攀登、不断超越的人才能欣赏。

创业是一辆永不停止的战车，没有持之以恒的决心，坚持不懈的毅力，不可能实现创业的梦想。一路走来，有谁没经历过坎坎坷坷，有谁没遭受过失败？但我们要坚信，这些失败都是为了成功这个最后目标。失败多了，只要坚持下来，也是一种成功。创业虽会经历坎坎坷坷，但能坚持走完，也算一种成功了。

有一句流传得很广的话说："坚持就是胜利。"成功在于坚持，坚持是最容易做到的事，只要愿意，人人都能做到。坚持又是最难的事，因为真正能做到的，终究是少数人。那些创业的成功者从来不对困难和挫折屈服，困境反而会更加激起他们的斗志，让他们坚持走下去。神农尝百草，通过千百次的试验和测试才得出哪些是不能吃的。灯泡的发明、火药的制造都是通过坚持不懈的努力和坚定执著的精神才完成的。成功就在于再坚持一下的努力之中。只有坚持不懈的努力，才能取得最后的成功。成功贵在坚持，这是一个并不神秘的秘诀，坚持，再坚持，只有这样，你才能达到成功的彼岸。

第6章

选对公司跟对人

第一节 公司就是你的船

在波澜壮阔的商业海洋里，公司就像是一条船。无论是公司领导还是员工，一旦踏上这同一条船，命运就紧密地联系在一起了，在同一条船上的人有着共同的方向、共同的目的地，船的命运就是所有人的命运。若没有了公司这条船，船上所有的人就无法生存。一个人只有自己所在的公司发展壮大了，他才有发挥自己才能的舞台，才能实现自身的价值。

古语云："一荣俱荣，一损俱损。"站在公司的角度，如果每个员工都能真诚地、负责地全力工作，公司效益也就上去了，公司一定不会忘了你的付出，自然会记得你，你的才华不但得到了发挥，而且得到公司的认可。公司和员工也是一个共同体，公司是员工生存和发展的平台，员工的利益与公司的效益息息相关。的确，公司给了我们工作的机会，即使没有成就我们的职场生涯的辉煌，也为我们的成功奠定了坚实的基础，所以我们要真心真意地感谢公司，即使现在已不在这家公司工作。

小徐是一家广告公司的创意总监，在这家公司工作了五年，现在由于公司改变发展方向，调整发展思路，小徐觉得自己不适应公司新的改革要求，于是决定换一家公司工作。以他的资历水平、工作能力，再加上原公司的声望，找份新工作非常容易，曾经就有很多公司想挖他过去。所以他刚一离开便有好几家同行业公司向他开出了优厚的条件表示欢迎他，遗憾的是许多公司不全是看重了他的能力，而是另有目的，他在离开上一家公司的时候正在负责一个关键的企划方案，同行都想从中打探消息。他觉得这背叛自己原来公司的行为触及了他的底线，因此拒绝了很多家公司。最后，他前往一家在全国乃至世界都很有影响的国企应聘设计总监这一职位。这家公司、这个职位以及公司开出的优厚条件是很多人梦寐以求的，小徐也不例外。这个职位竞争确实很激烈，所以小徐也是积极准备。面试很顺利通过了，但是最后负责面试的副总裁还是提出了一个令他非常失望的问题，“听说你以前策划的是某个项目的策划工作，所以对于这个项目我想知道的是……”还没等面试官说完，小徐就打断了他的话，说：“我不会回答您这个问题的。对不起，让您失望了，同时我对贵公司也有些失望，看来激烈的市场竞争的确引发了一些用人单位以一些非正常的手段获得人才、获得商业秘密以及核心技术，没想到就连全球知名的公司也一样不能幸免。但是我有义务忠诚于我的企业，即使我已经离开，它也像我自己的家一样。与获得这个职位相比，我还是觉得忠诚对我重要一些。”说完，头也不回地离开了。

但是，让他意外的是没过几天他就收到了录取通知。与能力相比，这家公司更看重人的责任感和忠诚度，对企业来讲，这比得到一个商业秘密更有价值。一名优秀的员工只有忠诚于企业，把公司当成一条与自己命运息息相关的船，把公司看成一个实现自身价值的地方，工作中注重品性、人格的塑造和综合能力的拓展，不断完善自己、提升思想，就一定能打造出色的业绩。不忠诚的员工比竞争对手都可怕，他们就像企业的蛀虫。所以，公司会利用任何可以利用的机会考验员工的忠诚可靠度。任何不负责任、不够忠诚的员工都逃不出公司的眼睛，那些想要对公司不负责任的人更是做不长久的，迟早都会被公司发现并开除的。

海尔的一名员工这样说过：“我会随时把我听到的、看到的关于海尔的意见记下来，不论我是在朋友的聚会中，还是走在街上听陌生人说的话，因为作为海尔的一名员工，我有责任让我们的产品更好，我有责任让我们的客户得到更好的服务，我有责任让我们的企业更成熟、更完善。”任何个人不能只将眼光放在自己的个人利益中去，而是需要顾及公司这个整体，我们只有对工作认真负责，将公司交付给我们的工作尽职尽责地去完成，众人划桨，一起努力，公司这条大船才能朝着成功的方向一直前行。在我们努力奋斗为公司付出的同时，公司也给我们提供了一个展示自己能力、锻炼自己的机会。我们的付出很快就会得到回报，这种回报不仅是物质上的，可以使我们获得升职加薪，更重要的是精神上的满足，我们发挥了自己的潜力，实现了自我存在的价值。

有一家国有企业根据国家政策进行改制，由于改制后的税务变更工作对销售、回款等影响巨大，负责此项工作的芹姐深知这工作的重要性，她一天天地往返于公司和税务部门之间。朋友看到她风风火火的身影，不解地问："真有这么着急吗？"她真诚地回答："我的责任就是让公司的税务状况尽早恢复正常，这样公司就能早一天进入正常运作。绝不能因为我的工作没做好而影响到整个公司的利益。"所以不管是联系税务核查人员进行注销核查，还是对核查中出现的纳税疑问，她都尽力做好，她的出发点只有一个，那就是将公司的利益放在第一位。她高度的责任心和认真的态度得到了公司领导的赏识，在公司走上正轨后，芹姐被提升为财务总监。

可见，每个人都要认清自己的位置，充满使命感、责任感、主人翁意识和敬业精神，增强对企业的归属感，树立"企兴我荣，企衰我耻"的责任意识。这样的企业才会是一个同舟共济、患难与共、乘风破浪、充满朝气的团队，否则便只是一个机械化运作的机器，迟早会迷失在市场经济的大潮中。老板需要的人包括两类：一类是能干活的，一类是忠诚于他的。如果你是那种只能干活，而看不出对老板有多忠诚的人，你一定没有晋升的机会，你的唯一机会就是继续干活，成为老黄牛。如果你只有忠诚而没有很强的业务能力，没关系，只要认真工作，总有一天会上去，因为忠诚比能力更稀缺。一位成功人士说过：一个人必须有责任感，不管你做什么，都要做一天就得做好一天，你不知道它会在以后的路上给你什么样的帮助。责任感是一个人日后能够立足于社会、获得事业成功与家庭幸福的至关重要的人格品质。企业的成功离不开员工的努力，每个员工应当把自己当成企业的主人。船和船员是一个共同体，让船顺利航行是每个船员的责任，只有船顺畅前行了，它才能驶向成功的彼岸。

第二节　别把公司当跳板

巨人网络总裁刘伟曾这样说："我始终没有觉得我是在为老板打工，我觉得我是这个创业团队中的一员。"这句话说出了我们职场中人的责任感。其实在生活中，每个人都肩负着责任，对工作、对家庭、对亲人、对朋友、对与我们萍水相逢的人，我们都要负一定的责任。正因为担负着这样或那样的责任，人们才会对自己的行为有所约束，正是有了这份责任，我们周围才会变得更加和谐。工作就意味着责任，这份责任感成就了许多有梦想的人。职场上，每一个职位所规定的工作任务就是一份责任，你从事这份工作就应该担负起这份责任，公司对我们来说不仅是养家糊口的地方，更是成就我们理想的平台。在职场上，什么样的态度决定你取得什么样的成就。

你对待公司的态度是什么？如果你只把现在的公司看做是你临时的避风港、通往更好去处的跳板的话，就意味着你不再会为跳板而付出。这种浮躁的做法就意味着你对自己的工作不负责任，决定着你在你所谓的跳板上的高度不会再增加。如果你把公司当做是自己的家，自己是主人，以这种责任感来对待工作，那么不知不觉你就会爱上你的工作，同时你也会收获丰硕的果实。带着责任感工作，你的公司会看到你的付出，不必你到处宣扬自己做了什么。成功的人都懂得，要想做领导首先要做个好员工，要想当元帅首先要当个好士兵。因为你比别人多付出，你在实际工作中也比别人想得更周到，这样的员工是任何老板都求之若渴的。当责任感成为一种习惯，成为一个人的生活态度时，这样的人就会自然而然地担负起责任，而不是刻意地去做。

有一家知名零售公司招聘一名收银员，几经筛选，最后只剩三个女孩参加复试。复试由经理亲自主持，第一个女孩刚走进老板办公室，老板便丢了一张百元钞票给她，命令她到楼下买包香烟。这个女孩一脸不悦，心想：自己还不知道是否被录用，就要做这跑腿的活，大公司有什么了不起，凭什么就颐指气使地命令她做事，因而感到相当不满，嘴里念念有词："哼，他凭什么支使我，这份工作不要也罢！"怒气冲冲地掉头离开。第二个女孩一进来，也遇到相同的情况，她笑着接过了钱，到了商店后才得知这是一张假钞，由于她失业已久，急需一份工作，虽然很无奈，但没办法只好自掏腰包，为经理买了一包烟，还把找回来的钱，全交给了经理。但是结果让她意外，虽然完成了"任务"却没有被录用。接下来面对这一切的第三个女孩是这样处理的，她一接过钱就发现钱是假的，于是微笑着把假钞还给经理，并要求重新换一张。经理开心地接过假钞，同时宣布她被录用了。面试结束后经理说："我所信任的员工是做工作有责任感的员工，不论你面对什么人，处理什么事，都不能忘记你的工作责任是什么。三位面试者在对待这件小事时表现出不同的态度，第三位面试者成功了，因为在这件小事上，她充分表现出责任心和专业能力，所以我放心地将收银工作交给她。"

在一家公司里，员工责任感的高低在很大程度上能够决定一个企业的命运。绝大多数情况下，一个人的工作做得好与坏，最关键的一点就在于有没有责任感，是否认真履行了自己的责任。事实上，很多事情不需要费力就能完成，也不需要你具备特殊的能力。做与不做、做得好与不好的差距就在于是否有责任心。聪明的人懂得认真对待自己的工作，因为公司所能带给你的，要远比工资带给你的多得多。如果你将工作视为一种积极的学习，那么每一项工作中都包含着许多个人成长的机会。你是为薪水而打工，但不是只为薪水而工作。

为了更高的薪水而工作，把眼下的公司当做跳板，看起来目的明确，但是往往容易被眼前的利益蒙蔽了心智，使你看不清自己未来的发展道路。职场中，只有埋头苦干、认真负责的人，才能成就一番事业。自以为是、自高自大、不脚踏实地的人，再有才华、有天分，也很难有所成就。在工作中，做事心浮气躁、只图一时热情、草率马虎的人，其工作成绩只能原地踏步，甚至不断倒退。所以，向往更好的公司、更高的薪水只是工作的目的之一，你一定要认识到比这些更重要的东西。如果你想着现在的公司只是你职业生涯的过路之地，你就丧失了工作的责任感，没有责任感的人在职场中只会走向下坡路。

你对你的公司采用什么样的态度关系到你在职场上收获的大小。要记住：你的工作不是为别人，也不是为公司，而是为你自己。有这样一个励志故事。有个老汉做了一辈子的木匠工作，因为爱岗敬业、对工作认真负责而深得老板的信任。年老时，他想退休回家与妻子儿女共享天伦之乐，于是他和老板说了自己的想法。虽然老板十分舍不得他，再三挽留，但是他去意已决，不为所动，而且老汉认真工作了大半辈子了，也该回家享福了。所以老板只好答应他的请辞，但希望他最后能帮助自己盖一座房子再走，老汉无法推辞便答应了。然而，老汉归心似箭，心思已全不在工作上了，工作不再像以前那么负责了，能糊弄的地方就糊弄一下过去了。他只想早点完工、早点回家。等到房子盖好后，老汉急匆匆地向老板请辞。这时，出乎老汉的意料，当他转身要走的时候，老板叫住了他："这是你自己为自己造的房子，是你付出得到的回报。"老汉愣住了，他说不出话来，他一生盖了那么多豪宅华亭，最后却为自己建了这样一座粗制滥造的房子，再多的悔恨也无济于事。

我们目前的工作就是在为自己的将来盖房子，如果你只为薪水而工作，只看到眼前的利益，那么你只能得到那一间经不起风雨的"破房子"，而失去很多东西。正像你如果只为吃饭而活着，那么你就只能维持着吃饭的生活。得过且过，到头来受害的肯定是自己。

西点军校的学员章程规定：每个学员无论在什么时候，无论在什么地方，无论穿军装与否，也无论是在担任警卫、值勤等公务还是在进行自己的私人活动，都有义务、有责任履行自己的职责。西点军校认为，没有责任感的军官不是合格的军官。同样，没有责任感的员工不是好员工。一个人责任感的强弱决定了他对待工作是尽职尽责还是浑浑噩噩，而这又决定了他工作成绩的好坏。那些缺乏责任感的员工，不会视企业的利益为自己的利益，也就不会处处为企业着想，这样的员工被解聘只是迟早的事。如果一个人有强烈的责任意识，他就会有一种使命感和奉献精神，就会努力地学习，注意不断地提升自己的能力，并全力以赴地工作，那么，他将会赢得更多的尊敬和荣誉。

第三节　跟对人的重要性

没有人不渴望成功，自古以来，每个成功人士的经验都会被大家模仿借鉴。但是，成功的路是不同的，因此名人们给出的成功经验也就各有不同，那么究竟有什么是这些成功人士最值得大家学习的地方呢?

有个刚入职场的年轻人请教一位德高望重的智者：“我怎样才能像马云那样成功呢？”智者告诉他：“有三个秘诀：第一个是跟着成功者做事；第二个是与成功者共事；第三个是请成功者为你做事。对于大多数人，尤其是刚入职场的人来说，跟对人是成功的第一步。

因此，若想取得成功，跟对人至关重要。这已经成为众多职场人士的共识，而且也有更多的人意识到了它的重要性。

有句话说：“近朱者赤，近墨者黑。”你跟着什么人一定程度上决定着你的命运。当人接触一个新的环境、从事一份新的工作或开始新的人生时，你需要别人给你一定的指导，需要有人言传身教。跟对人就是说你遇见了一位好老师，跟着他做事，是让全新的你迅速成熟的捷径。然而当你选错了人，就有可能被带入歧途，阻碍成功。

王伯当是隋末瓦岗寨起义军中的一员大将，是瓦岗寨领袖李密的学生，随李密一起投奔瓦岗寨。大业（隋炀帝杨广的年号）十三年二月，王伯当等人在洛口推举李密为魏公。李密带领王伯当降唐。降唐后，李密因不被重用，心存不满。李密认为李渊要除掉自己，于是带领王伯当等人叛唐。李密和王伯当率领几十人袭击桃林县（今河南三门峡西南）后进入熊耳山欲投张善相，但是在熊耳山被唐将盛彦师伏击，李密和王伯当一起被杀。王伯当有可能成为初唐的一员大将，但因其跟错了人而落得死于非命的下场。

所以说，跟对人是一门高超的学问，不是你遇见谁就跟着谁。跟对人，很可能你的人生就此改变，少走很多弯路，绕开致命的失败。其实能找到那个对的人也非容易的事，你必须要有独到的眼界和宽阔的胸怀，你要能锻炼出跟对人的火眼金睛，找对人，跟紧他，虚心学习。只要你与强者站在一起，你的成功就有了一半的希望。

隋末唐初，还有一位能力超群的人，因为跟对了人而得到重用，建功立业，名垂千古。这个人就是魏徵。

魏徵在隋末被隋朝武阳郡丞元宝藏任为书记。元宝藏举郡归降李密后，他又被李密任为元帅府文学参军，专掌文书卷宗。唐高祖武德元年，李密起义失败后，魏徵跟随李密一起投降了唐朝，不过，李密并没有得到重用，魏徵当时也没有展示才华的机会。第二年，魏徵主动请缨去劝降李密的黎阳守将徐世勣。魏徵回到长安后，被太子李建成赏识，成为东宫幕僚。魏徵看到太子与秦王李世民的冲突日益加深，多次劝太子要先发制人、及早动手。可惜最后太子还是失败了。玄武门之变以后，李世民对魏徵的才华有所耳闻，也非常欣赏他的胆识，就对魏徵既往不咎，非但没有怪罪于他，还任命他为谏官，并经常召魏徵入宫，询问政事得失。魏徵为了报答李世民的知遇之恩，竭诚辅佐，协助李世民开创了一个盛世。

魏徵从前是太子李建成的心腹，在李建成同李世民争夺皇位的生死关头，魏徵曾为李建成献策要及早杀掉李世民。然而，知人善任的李世民发现魏徵耿直忠诚，又有出色的政治才干，不仅不计前嫌，反而非常信任倚重。

王伯当和魏徵的不同命运，说明了一个人即使满腹经纶，才华横溢，也要选对自己的路。跟对人，才能发挥自己的优势，取得成功。跟对人，在古代，可能关乎身家性命；在当今职场，则关乎事业前途。

杜辉廉是一位精通证券业务的专家，被业界称为“李嘉诚的股票经纪”，备受李嘉诚的青睐和赏识。李嘉诚多次请其出任董事均被谢绝，他是李嘉诚众多“客卿”中唯一不支干薪的人。但杜辉廉决不因为未支干薪而拒绝参与长实系股权结构、股市集资、股票投资的决策。为了回报杜辉廉的效力之恩，当杜辉廉与梁伯韬合伙创办百富勤融资公司时，李嘉诚发动连同自己在内的18个商界巨头参股，为其助威。在百富集团成为商界小巨人后，李嘉诚等又主动摊薄所持的股份，好让杜梁二人的持股量达到绝对的安全线。李嘉诚的投桃报李、知恩图报、善结人缘，更使得杜辉廉极力回报李嘉诚，甘愿为李嘉诚服务，心悦诚服地充当李嘉诚的“客卿”和“幕僚”。杜辉廉在身兼两家上市公司主席的情况下，仍忠诚不渝地充当李嘉诚的股市高参。

生活中我们时常发现许多才华横溢、能力非凡的人，他们在学校是众多同学仰慕的明星。步入社会后，他们中的多数人最后并没有什么值得称道的建树，有的甚至很是平庸。很大一部分原因是他们没跟对那个懂得欣赏他们的人，没有一个发展和表演的舞台，那么最终结果只能是默默无闻。

所以说，跟对人是入世的基础，也是一种积极主动的人生选择。跟对人就等于搭上了成功的顺风车。和什么样的人在一起，就会有什么样的人生。跟对人才能做对事，跟错了人，整个世界也就跟着错了。

个人成功与否，一定程度上取决于他是否拥有一个成功的环境。平日里看起来普普通通并没有什么特质的人，可最后他们却获得了巨大的成功，究其原因就是跟对了人，即使资质平平，却因贵人相助而活出了精彩的人生。对的人值得你全心全意地为他工作，为他就是为自己的成功作铺垫，他的成长也是你的成长，他应该是你的朋友、教练、同盟者，是力量的源泉，他会改变你的人生。

第四节 做成功者的伙伴

你选择与什么样的人在一起，你就会成为什么样的人，人是会被同化的，这就是“近朱者赤”的道理。如果与成功的人在一起，他们就会把成功的秘诀与你一起分享。老子曰：“善人者，不善人之师；不善人者，善人之资。”仔细观察行善者的行为：不耻下问，向能者求教，学会用他们的思维和角度来分析问题，并对比自己作为局外人的想法，找出其中的差异，看看自己的不足，从而学会自己不懂的东西。

在职场中，你和谁在一起的确很重要，甚至能改变你的职场发展轨迹，决定你的人生成败。和什么样的人在一起，就会有什么样的人生。和勤奋的人在一起，你不会懒惰；和积极的人在一起，你不会消沉。现实中，人与人的交往构成了纷繁复杂的社会关系，每个身处其中的人都会受到种种环境的影响。经常与优秀人才一起交往，自己也会向好的方向发展，反之亦然。

孙正义（韩裔日本人）在大学三年级时就这样规划他的人生50年蓝图——30岁以前，要成就自己的事业，光宗耀祖；40岁以前，要拥有至少1000亿日元的资产；50岁以前，要作出一番惊天动地的伟业。怀揣伟大的梦想，孙正义1981年成立软体银行，从事软件销售。他24岁成立软体银行（批发商）后，半年之内与日本42家专卖店和94家软体业者实现交易来往，并说服东芝和富士通投资，扩大规模。但因经营不善而亏本，一年后他退回财团原有投资资金。此时他在展会上看到《个人电脑图书馆》，于是与日本最大的出版商联系出版。他因出版《个人电脑图书馆》而打开市场，软银声名鹊起。但是，1982年，业务蒸蒸日上的日本软件银行却遇到了意想不到的困难。《I/O》《ASCII》《微软》都拒绝为软银刊登广告。祸不单行，孙正义创办的两本杂志——《Oh！PC》和《Oh！MZ》在两个月后退货堆积如山，远远超过他的想象。接下来，孙正义创办了购物指南杂志——《TAG》，也最终因销量不佳停刊，并欠下了大笔债务。孙正义几次尝试都四处碰壁。1999年，孙正义在与盖茨一起打高尔夫球的时候就问了盖茨："在21世纪，您认为什么行业的发展趋势最好？"盖茨回答说："是互联网。"孙正义就在打球期间向盖茨打听互联网的门道。盖茨很欣赏这个年轻人，向孙正义传授了许多互联网知识、经营方法、发展策略等。得到盖茨的真传后，他开始涉足互联网，时来运转，梦想降临。1991年软银引进网威系统产品，开创日本市场，同时引进迪斯尼入股。1992年取得思科在日本的代理权。到1994年，网威系统年营业收入达1.3亿美元。1994年软银上市，孙正义身家超过10亿美元。在日本，软银几乎能提供所有互联网应用与服务。软银战胜了Google，拥有最受欢迎的搜索引擎、电子商务网站，经营着日本增长最快的移动运营商、最大的宽带网络，为孙正义赢得了"互联网大帝"的美誉。

孙正义能有今天的成就自然少不了盖茨的功劳，盖茨的一句话让深陷困难的他找到了新的方向。有时成功者的一句话、一句提醒可以让你终身受益。与成功者为伍，你可随时随地感受他为什么成功。多交几个成功的朋友，可以让你开阔眼界，也许你会认为这是势利眼的做法，但有一点，你必须明白：把有能力的人作为榜样并不可耻，朋友和书一样，好的朋友不仅是良伴，也是我们的老师。相互欣赏，互为人师。每个人身上都不乏优点，对待成功人士，永远不要嫉妒，而是要学其所长，补己所短。从每个成功人士身上学习一点经验，就会成就自我。正如一句美国名言所说："不相信别人之所以成功，那你永远不会成功。"与强者为伍，你就会变得逐渐强大起来。和幸福的朋友在一起，你也会变得幸福；和快乐的人在一起，你也会有快乐的心情。常和优秀的人们在一起，你也会变得优秀；常和智者在一起，你也会变得聪明。

人是社会动物，我们不论是在工作还是生活中，总是喜欢和自己的亲朋好友进行所谓的攀比，在学生时代我们攀比学习，在工作中我们攀比业绩，在生活上我们还很在乎别人的房子、车子、衣服等，有的时候这种攀比是下意识的。这种下意识有时是有利于我们自身发展的，为了能提高自己的身份地位，我们就要千方百计去提升自己的能力，去发展自己的事业，谁叫我们碰见了一个强者？我们不但不能怨恨他还要感谢他。这是强者的天下，只有在无情的现实和残酷的压力的双重打击之下，你才有可能加快成功的步伐。与强者为伍的最大好处是不知不觉中你也成为了强者。

张近东，想必大家都认识，是苏宁电器董事长兼总裁，1963年出生，1984年毕业于南京师范大学中文系。1990年，张近东以10万元启动资金创办苏宁，发展至今，苏宁已成为国内最大的商业连锁企业。张近东在一次采访中这样说："我喜欢与强者为伍，但一定要有互补性，这样才能相得益彰，事半功倍。"的确，榜样的力量是无穷的。张近东现在无疑是位成功人士，但是像他这样的强者，学习的欲望却没有停止。2005年5月12日，张近东率苏宁高层赴美国商务考察，访问了美国最大的家电连锁百思买集团，A.O.史密斯的整体厨卫，还有摩托罗拉的研发基地。每到一处，他的心情都难以言表："与国际巨头相比，我们还很弱小，有很大的差距。最大的差距不是国际巨头发展的历程长，而是他们的理念超前。站在国际市场上看，我们能看到自己理念上的巨大落差。现在我们前进的步伐已经够快，但是如果添上国际先进理念这双翅膀，我们一定会更加飞速发展。"当被问到如何看待即将进入中国市场的全球家电巨鳄百思买，以及其是否会给苏宁造成压力时，张近东是这样回答的："就像一个通常需要仰视对方的人，某一天突然发现，他们能平等交流和沟通，这种心情的产生不仅仅是因为发现了自己在实力上的提升，更重要的是从这一刻开始有了足够的信心。"在美国百思买集团考察了几天之后，张近东觉得百思买也是专门做电器流通的连锁企业，它现在所处的阶段就是苏宁马上要经历的阶段。尽管不可能跟他们完全一样，但是，他们的管理技术不能不说对苏宁的成长有着重要的参考价值。张近东相信只有强者才喜欢跟强者在一起，以便在彼此竞争的好胜心里擦出成长的火花。

如果你总是和顶尖的人物在一起，你就会被潜移默化地影响，他们的成功经验和特质就会不知不觉地进入你的思想，影响你的前进。成功者的成功要么给人无穷的动力，向其学习，努力拼搏进取，要么给普通人莫大的压力，知耻后勇。正如有人说的，如果你想像雄鹰一样翱翔天空，那你就要和群鹰一起飞翔，而不要与家燕为伍；如果你想像雄狮一样驰骋大地，那你就要和狮群一起奔跑，而不能与牛羊同行。生活中最不幸的是：由于你身边缺乏积极进取的人，缺少远见卓识的人，你的人生平平庸庸、黯然失色。和优秀的人做朋友，和一流的人物结交，有能力的人做什么都会成功。的确，生活中我们都会在不经意间接受来自环境的一些潜移默化的影响，从而不知不觉地改变了自己的品行，与成功人士一起合作。与马赛跑，不如成功骑马，毕竟站在巨人的肩膀上，成功来得比较容易。

第五节　老板的个人魅力

通俗且形象地说，魅力就是一种美丽。在职场上有魅力的领导可不只是长相好看，领导是一门艺术，重要的不是外表。但就这一艺术本身来说，魅力从其本质上讲就是一种有内涵的美丽。如果说外在的美像一朵花需要认真地看，那么内在的美就像一杯茶需要仔细地品。那么，怎样才算有内涵的美丽？自古以来对此就有很大的分歧，或许是由于领导者自身的背景、知识构成以及人生观、价值观、世界观不同，其领导的方式与风格也大相径庭。作为一个领导者，尤其是在现在这样一个多变的社会里，有太多的利益关联与冲突，如果自身没有令人折服的个人魅力，那么要想带领自己的团队取得成功将会是一件困难的事，无异于痴人说梦。

无论你是否承认，老板与老板之间的博弈确确实实地存在，优秀的企业之间的竞争很大程度上是领导者魅力的竞争。这种魅力包括许多方面：魄力、眼光、气度、品味、能力和知识层面等，在这些方面都有建树的人才是有魅力的人。个人魅力能使你成为一位更强有力的领导者。富有个人魅力，会增大你被提名进入领导岗位以及你在这一职位上变得富有成效的可能性。

在阿里巴巴的创业史上，从来都是马云选择各类精英和投资人，对别人说“不”，各类人才甚至不惜低薪投奔马云，许多风险投资公司也是不计风险争着把大把的资金往他手里塞。是马云真的有三头六臂还是有什么特殊之处呢？其实他只是一个普普通通的人，也是从无到有、一步一步走过来的，并没有与众不同的地方。马云所创造的神话体现出的就是他的个人魅力。就说蔡崇信是怎么放着高薪不拿而投靠马云的吧。在阿里巴巴刚成立时，蔡崇信还在德国Investor AB集团任香港区的副总裁，负责亚洲包括中国大陆的投资业务，年薪70万美元。有一次他来到阿里巴巴考察，希望能够找到一个理想的投资对象。借此机会，马云对蔡崇信谈了自己对于电子商务的看法，阐述了自己要做全球最大的B2B网站的梦想。当蔡崇信来到“公司所在地”——也就是马云的家中进行实地考察时，眼前的一幕让他惊呆了，一个四居室中竟然有20多个人在工作，地上还扔着床单等乱七八糟的东西，从他们的表情中可以看出他们的愉悦心情，看得出他们对于自己工作的热爱。而马云与他的员工相处得就像哥们儿，非常亲密。这一切都让蔡崇信感到十分惊讶。

不久以后，蔡崇信又遇到马云，他被马云带着“十八罗汉”打天下的故事深深地打动了。他请求加入阿里巴巴，这一举动让周围的人都十分吃惊，他不顾周围人的反对坚持加入马云的团队一起打造阿里巴巴，用蔡崇信妻子的话说：“如果不让他到你这里来，他会后悔一辈子的。”马云的独特魅力让蔡崇信放弃大集团的高薪待遇，来到一个羽翼未丰的小公司，变成了一个每月只有500元工资的普通员工。

《赢在中国》总制片人王利芬女士在接触马云后说过这段话：“在他的身上，有一点是一般人做不到的，那就是他没有一点虚荣心，他不怕没面子，能十分坦然地面对自己不太成功的过去，连自己的长相也在他自嘲之列。这一点对一个人来说真的并不容易，而且有许多人因为做不到这一点而将自己放大或架了起来，之后要不断地为这个放大的或架起来的自我费许多的精力，要演戏。而马云不用，他台上台下都是一个人，真实地表达自己的不足，也真实地表达自己的才华。我很难想象什么人能将马云忽悠起来，也很难想象什么人能把马云的自信打下去，让他自卑。”这就是一个领导者的魅力，没有出众的外表，华丽的排场，但就是魅力非凡。

有魅力的企业领袖善于思考、善于学习，不断总结、不断提升自己的认识。有魅力的企业领袖还都充满自信，但同时并不张扬。他们在与人交流的时候总是不急不躁、沉稳耐心，显得底气很足。这种自信，尤其在企业面临危机之时，能够给员工以强大的安全感，使大家对企业充满信心。

“有人认为我不会搞管理，但我自认为还可以。”史玉柱自信地说。有魅力的领导者是公司未来发展的取向，他长远的眼光能够感知行业最新的动态和事物的运行方式。有魅力的领导者对自己各方面的能力都高度自信，关键时刻他们能够拿定主意。有魅力的领导者精神饱满、精力充沛，对实现目标充满激情。他们在面对困难时能够用各种方式坚持下去。他们不需要别人的鼓励，他们懂得自我激励。伟大的领导会卷起他们的衣袖，亲自参与解决问题。他们会身先士卒，而不是躲在员工的身后，他们的身影每天都会出现在客户、供应商以及商业伙伴面前。

周红华在保险这一行已经做了11年了，从见习业务员到高级区域经理。如今她身处领导层，一举一动都受到别人的关注，上司和下属都在暗暗观察，哪怕是不经常接触的人，都在心里给她打分。但是周红华总是认为，只要以身作则，发挥出自己的指导作用，做好工作就可以了，而这一切都是靠自己在群体中的影响力、个人魅力。周红华在几年的区域经理管理过程中总结出了几条管理经验：第一，要了解市场，创造经济效益；第二，要做员工的榜样，以身作则；第三，自己除了做好业务外，还要解决好员工的实际问题，给他们以指导，要有人格魅力，不能心胸狭隘。就是因为她坚持不懈地培养自己的个人魅力，她才稳做了五年的区域经理。

一个优秀的企业领导往往是一个具有个人魅力的个体。比如海尔集团的张瑞敏、联想集团的柳传志、华为集团的任正非，长虹的倪润峰等，都以其独特的个人魅力吸引并领导着他们的员工。领导者的个人魅力，是指领导者在领导活动中所具有的对被领导者的吸引力、凝聚力和号召力。也许有人会说，自己是领导了，也就是老大，一切都得听自己的号令，唯自己马首是瞻。如果你这样想就真的大错特错了，如果你真的是这样当领导，那恐怕要不了多久你的地位将不再牢固，这还是小事，要是弄得人心涣散的话，那对整个组织的危害也将是难以估计的。领导者一定要能让被领导者信任、心悦诚服，并自觉地拥护、配合和服从，对领导者所组织指挥的活动积极、愉快地思考和参与。

二战时期，法国著名将军戴高乐曾说过：“如果一个领袖具有神秘感、品格和威风，那么他就能够有威信；如果他能够把威信和吸引人的魅力结合起来，那么他就能够有权威；如果他能够在权威之外还有预见，那么他就能够像戴高乐一样，成为使历史发生变化的极少数领袖中的一个。”领导不仅是一种权力的体现，还更应该是一种关系，一种处理领导者与下属、下属与下属之间的关系，是一种影响力，通过自己来影响周围的人。当人们认为你这个领导很有魅力时，他们便有可能采纳你所建议的行动步骤。许多人说过，要是有一位富有领袖气质的老板，“我会以我的职业生涯作赌注，一心一意为他工作”。这种情况下，以事业作赌注意味着这个人将放弃一份相对安稳的工作，来和这个老板一起开始一个新的事业。当今，成功的领导者更多地强调采用个人的影响力，借以感召下属，让下属心甘情愿地追随他，这靠的就是个人魅力。

第六节 追随有发展潜力的东家

如今，越来越多的公司开始设计薪酬体系来进行员工激励，而将员工职业发展作为一种激励手段给予足够关注的公司却并不多。其实，从一个人的职场前景来说，一个好的发展平台是职途顺畅的重要保证。除了职位、薪资之外，工作环境是关乎职场人士命运的重要因素之一。我们在选择公司的时候不要只考虑公司的大小、工作是否体面，一份有发展空间的工作才是好工作。在选择什么工作的问题上，一些有想法的人这样说："宁愿薪水低一点，也要选择有发展的企业。"

许多人在选择公司时有个误区，那就是不顾一切选择大公司，认为只要进了大公司，自己的职业前途就有了保证，公司的工作背景往往是一块金字招牌，它可以使你以后找工作的道路平坦许多，以后就可以拿高薪，等着升职。在大公司里，先进的管理体系和企业文化是可以帮助我们开拓视野，但是在大公司往往是一个萝卜一个坑，人才济济，如果你是有想法的人，那么这里也许并不适合你，因为这是一个成熟的地方，一切都有制度可循，这对员工是个保证，同时也是一种束缚。有些年轻人思维很活跃，也很有创意，按部就班的工作可能不适合这类人。所以，许多人都把目光投向了有发展潜力的中小企业。中小企业，顾名思义就是规模不大的企业，可以说，所有的大型企业在走向正规化、规模化前都要经过这个阶段。在庞大的就业大军中，80%的人是在中小企业的生存规则中打拼的。

孙志强毕业于某大学计算机系，毕业后的第一份工作是在一家知名国有企业的IT项目组做技术。他之所以选择这里，是因为不仅可以学以致用，了解到行业内前沿的技术状况，还可以积累不少做项目的经验，但是工作辛苦而且发展空间非常有限成了他的一块心病。通宵加班不算加班费不是罕事，但付出与收入实在是严重失调。在这样大型的企业里，想继续升职不是短时间内能实现的，即使有职位空缺，公司也会从外面高薪挖来有经验的人，因为在公司内部提升员工会牵扯到非常复杂的人际关系。看着复杂的发展环境，孙志强干了两年就跳槽了。在重新选择公司的时候，孙志强犹豫了，是选择一家颇具规模的公司，还是去一家正在发展的小公司呢？其实，孙志强具有很强的进取心和丰富的IT行业的工作经验，适合宽泛的主题性质的工作，他的工作经历也已经证明了这一点。他具有较高的职业潜力，而且性格主动积极，有解决问题的素质和能力，如果去一家正在发展的公司，可能前景会更好。几个星期后，一家民营企业录用了他，他进去不久，就负责一个项目的整体运行工作，这对有工作经验和专业技术的他来说不是繁重的任务，所以，整个项目顺利运行。这个项目给公司创收了近千万元的利润，这对一个大公司来说可能不算什么，可是对正在发展的中小企业来说，这是向前发展的重要资金支持。同时，能给公司创造利润的人也一定能得到公司的重用。孙志强也在进这家公司不到两年的时间里升职为公司的运营总监，这个职位在他原来的公司里需要花至少五年的时间。

在选择公司的时候，我们需要作一个全面的考虑，有些公司运作不规范，企业气氛太压抑，管理太死板，或者人际关系太复杂。这些令人头疼的工作环境不仅会打击工作热情，甚至会损害我们在职业中的自信心。有的大企业环境的确是不宽松，或者是发展空间小，人际关系复杂，而小公司不规范、效率低，这些都会妨碍职业发展，那么晚走不如早走。其实好的公司不管是大还是小，只要重视每个员工的发展，给员工提供很好的平台，这就是我们的首选。所以，我们要选择与自己匹配的企业环境。只有适合自己的企业环境，才能最大限度地激发工作热情，使我们在工作中获得满足感和愉悦感。这也是衡量一个工作好坏的因素之一。

秦枫和李华在大学时是睡上下铺的好友，马上就要毕业参加工作了，他们两个在商量将来的去处，选择什么样的企业发展。秦枫的目标是大公司，他认为，个人要想发展就应当进大公司去寻求广阔的发展空间，因为大公司名气大，牌子硬，管理规范，发展的机会很多，况且大家都把进大公司当成一种梦想，所以他立志要到大公司去实现自己的梦想。他穿梭于各种类型的招聘会，只要是颇具规模的公司他都没有犹豫就投了简历，“只要进去就行”是他的目标。通过努力，他如愿以偿进了一家大公司。而李华则是定位在正在发展壮大的公司，所以他在投简历的时候对有意向的公司都仔细地了解了一番，选择了几家有发展的小公司。他认为，人在哪里工作不是很重要，重要的是要能施展自己的才能，实现自己的价值。他还认为，在小公司里人少，个人发展机会反而可能更多。所以，毕业时他来到了一家有20多人的小企业工作，别看这家企业小，成立时间短，但是发展速度可不慢，老板是一位在国外学习多年的年轻人，所以整个公司都充满活力和创造力，轻松的工作环境更能激发人的潜力。李华工作成果见效快，他的才能在这里也很快就显露出来。不久，他的公司由于业务发展了，成立了一个公共部和一个策划部，由他出任策划部的经理。而秦枫由于自己所在的公司人才济济，他只能做一些与自己的专业没有什么关系的杂活，在相当长的一段时间里，他所在部门的重要工作都由领导安排其他人去做，根本轮不到他去实现自己的愿望。他心里非常苦闷，离开这吧他又不甘心大企业的头衔，继续下去他觉得看不见希望。秦枫处于进退两难、骑虎难下的状态。

到底什么样的企业、什么样的氛围才是最适合自己的？其实很多大企业家一开始也并不是现在这么风光，都是在小企业工作甚至是从学徒开始做起的，比如非常有名的大企业家王永庆、李嘉诚、牛根生……他们无一不是从最基础的工作做起的。至于怎样的工作岗位才算是有发展空间，不同的求职者有不同的看法。好的企业在建立和完善员工薪酬体系时，应注重给予员工职业发展空间。毫无疑问，看得见晋升空间是职业发展中对员工最有效的激励方式。有能力的员工很清楚地知道，在发展中的公司里，锻炼的机会也比较多，还有机会锻炼成多面手，为将来自己独当一面或创业积累经验。还有一些学历不高的人在中小企业工作多年后，深得老板的信任，担负很多工作职责，成长为生存能力极强的人，如果再擅长自我学习，进步会更加神速。如果你是个聪明的追逐者，你的目标要锁定那些有潜力的企业，而潜力的大小不在于规模，而是整个企业的环境是否健康，给你提供的平台有没有发展空间。追逐潜力股，你的仕途才会走得更顺、更远。

第七节　背靠大树好乘凉

在职场上，如果能找到一个位高权重、手中掌握重要资源的领导成为自己可以依靠的大树，那么许多困难便可以迎刃而解，也就是我们说的"上面有人罩着"，这的确可以让你的职场发展更有保证，甚至可以平步青云、一步登天。当我们初到一家新的公司，面对陌生的环境、陌生的人群，难免会有一些孤独感。如果遇到的是一个关系比较简单的组织，我们可能会很快融入到组织内，并可以结识一些朋友。但是如果遇到的是一个复杂的组织，那么我们可能会有点不知所措。因此，身在职场，除了搞明白你的工作职责和内容，还必须搞明白公司里有几棵大树。常言道："大树底下好乘凉。"选好选对自己的大树也是成功的关键。

有位成功人士这样解释"马上成功"："什么是'马上成功'？说穿了就是骑在马上就跑得快，到达终点的时间就会短。"其实跟着什么等级的人就决定你事业起步的高度，一个成功的领导的品牌力量是巨大的，不仅仅对企业而言，对跟随他的人也是一样。如果能跟随一位成功的领导，那么你的成功也会容易一些，很多时候还可能是事半功倍。在职场中，"少无良师"是多么悲哀的事情，别人都有优秀的领导带领，从而大展宏图之志，而你却找不到伯乐，即使有才华也无处施展。在职场上，这些"大树"可以是一些有见识和影响力的前辈，也可以是一种特定的职业背景。我们跟在他们后面不是为了拍马屁以求晋升，而是得到前辈的有利指导和帮助，使自己更快成熟。

联想集团首席执行官杨元庆的成功经历告诉我们：强将手下无弱兵。1986年，杨元庆毕业于上海交通大学计算机专业，同年进入中国科技大学研究生部深造。1989年，杨元庆进入IT龙头企业——联想集团，成为中国IT界当之无愧的“教父”——柳传志的下属，从此杨元庆开始了好运。跟着优秀的老师学习，加上自己的努力，杨元庆很快得到了重用。1994年，他出任集团微机事业部总经理；1995年，他出任集团助理总裁；1996年，他晋升为集团副总裁；1998年，他任集团高级副总裁兼联想电脑公司总经理。2004年12月8日，联想收购了IBM的个人计算机业务，与此同时，联想创始人柳传志把新联想的重担完全交给了当时刚刚40岁的“少帅”杨元庆。得到了领导的支持和信任，杨元庆干得更加有劲了。半年多的时间过去了，2005年8月，新联想公布合并后的首个财报：净利润3.57亿港元，同比增长6%，集团营业额比去年同期增长234%，达196亿港元，原本亏损的IBM的个人计算机部门实现盈利。简单的一串数字向世人说明柳传志没有看错人，在杨元庆的领导下，新联想已经有了一个好的开始。2009年，联想净亏损高达2.26亿美元，在这样的情况之下，柳传志重新出山，担任联想集团董事长职位，杨元庆重归CEO职位。柳传志重新出山扶持杨元庆使整个联想集团大为振作，2009/2010年度的第一季度财报，其销售额为35亿美元。

柳传志对杨元庆的支持是不遗余力的，对他来说，杨元庆不仅仅是自己一手培养出来的人才，同时也是他的搭档，也是自己尊敬的人。2003年，联想在香港举行圣诞晚宴，面对近千名中外来宾，柳传志讲过这样一番话，感动了所有来宾，也体现出了大将风范。他说:“在我的心中，杨元庆是值得尊敬的，因为他是敢于高举大旗、迎接困难、不屈不挠、奋勇向前的人。”靠在这样一棵健硕的大树下，杨元庆的职场之路走得如此顺畅让人很是羡慕，有领导“罩着”，杨元庆有了更大的信心从柳传志手中接过联想大旗，也有勇气担负起了联想未来兴衰的责任。

在复杂的职场环境里，许多人成为权力争夺和职场变迁的牺牲品，这是因为阅历少、经验不足，在自己不成熟的时候就得“任人宰割”的结果。如果在职场中有一棵“大树”供其乘凉，也许结果就会是另一番情形了。因为能靠得住的“大树”，可以让我们在经验和技能的提高上得到许多指点。同时，“大树”一般都是工作时间比较长的资深人士，他们对组织中的潜规则与隐形陷阱比较清楚，有了他们的指点，我们完全可以避免一些误区。我们知道，一位资深人士对一个员工的看法，可能会影响到他在公司中的命运。所以我们必须要学会抓住“大树”，而“大树”不是站在你面前等着让你依靠的，而是需要我们去找去发现的。因为一般人可能会误解，“大树”就是自己的上司，上司是天然的领导，好的上司自然是“大树”。但“大树”的定义要更宽广一些，它是指有助于你健康发展的一切人。如何找到“大树”也是一门学问。

小宇在一家电子公司做商务助理工作，助理工作待遇很低，工作忙而且繁杂，但是小宇工作很踏实，而且在工作中敢于承担。在许多部门助理中，她属于成绩比较突出的一个。最近几年由于这家公司的工作环境不理想，不少人跳槽而去。小宇想着自己还是踏实工作，积累些经验，然后再考虑换个地方发展。一天，小宇正在上班，突然接到一个电话，问她是否愿意到某知名外企担任产品主管工作，打电话的人正是小宇以前的同事，两年前他跳槽去了别的公司，现在他是那家公司的产品经理。起初小宇还以为他在开玩笑，因为刚工作两年多，一直是助理的工作，毫无管理经验，再说去外企她的英语也不是很好，而且她的这位同事以前和她的来往并不多，只是在几次部门合作中搭档过，所以小宇有点不敢相信。小宇问同事为什么会想起自己，同事笑笑说：“虽然我们只合作过几次，但是你踏实和稳重的性格给我留下了很深的印象，年轻人都容易浮躁，但你不同，肯承担任务并能认真对待，这就有领导者的潜质。”好运就这样降临到小宇身上了。这位部门经理手下空缺一个主管的位置，他一下子就想到小宇，并深信小宇的能力与工作态度完全可以胜任。经过同事的推荐与指点，小宇顺利通过面试，在以后的工作中果然非常出色。

好的上司不仅能给你很多的指导和鼓励，也能随着他的升迁而让你获得更多的升迁机会。小宇能成功跳槽到大公司并顺利地完成工作，是因为她找到了一棵“大树”，她应该感谢这个“大树”帮助了自己，同时她也应该祝贺自己，正是因为自己对工作的态度和办事能力得到别人的认可，才引起了“大树”的注意，愿意帮助小宇在职场之路上走得更远。

许多人都抱怨，自己只是一名普通的员工，高高在上的老板并不是自己想见就能见到的，或是觉得自己很有能力，但是没有人发现自己，其实主要原因在于你本身，并不是自己没有机会接触到公司高层，而是你没有认真想一下。其实想让老板注意到你，是有很多机会的。最好的办法就是你如何完成自己的工作。我们要想与公司中的领导们建立有效的沟通并取得他们的信任，不妨积极主动地工作，作出点成绩，这是一种非常有效的办法。

第八节　跟随上司一起成长

职场员工在职业发展和自我职业生涯管理的过程中，一直都跟随他的上司，个人职业生涯的目标也是在公司所营造的环境中实现的。员工职业生涯规划当中的每一步都与他的上司密切相关。可以说，员工是与上司一起成长的。公司的发展、领导的成就离不开他手下每个成员的付出，每个成员的成长和发展也离不开上司的支持与帮助。职场员工与上司更多的是相互依附、相互支持、相互尊重、共同成长的关系，而不是简单的领导让干什么就干什么，单纯的只有服从的上下级关系。

对于一名员工来说，最欣慰的也许就是领导的知遇之恩，这是领导对自身价值的认可，对自身能力进一步提升的期盼，这是今后立足职场的根本。所以，我们与上司的关系应该是合作关系，我们应以上司的心态对待自己工作的一点一滴，像领导一样思考，像领导一样行动。只有你具备了合作的心态，你才会去考虑公司的成长，你才会把领导的事情当做自己的事情，你才知道什么是自己应该去做的，什么是自己不应该去做的。反之，你就会得过且过，不负责任，认为自己永远是打工者，公司的命运与自己无关，上司有什么想法你也漠不关心，那么你就不会得到领导的认同，不会得到重用，普通的员工将是你永远的职业。

王新在这家公司工作已经三年了，三年来她的工作一直都很轻松，只是完成领导交给的任务就好，其余的从不多想。她的经理有时周末会在公司加班给新的员工培训，让她有时间可以到公司来听，但是她都以各种借口推脱掉了。经理筹划一个新的项目，希望他的部门成员都能参加，可是王新认为，她的经理只是利用大家加班加点的劳动换取自己的利益，因为这个项目运作成功了，她的经理就可能从一个部门领导升职为区域经理，可是除了分得一些奖金以外，这对她自己有什么好处呢？所以，她对这个项目也漠不关心，能不加班就不加班，她还嘲笑一个新来的成员：“那么积极地工作还不是为了他人做嫁衣。”她也就理所当然地认为自己对任何人、任何事都没有义务。她心想：除了本职工作之外，自己不用为任何事承担责任，职场本来就是自己顾自己的地方，经理说得好听，做好了，功劳大家都有份，可是最大的功劳一定是他自己的。就这样，她轻轻松松地度过了一段职业生涯。不过，最近王新不再像以前那么轻松了，似乎有某种压力无形地笼罩着她。经理的项目果然运作得很好，像王新所想的一样，经理升任为区域经理，但是，让她想不到的是，刚刚进入公司半年的职员，由于在这个项目中表现出色而得到总公司的重视，成为这个部门的代理经理。而现在来到公司三年的王新还依然是一名普通的职员。

“我的成就来源于我和员工的共同努力，是我们一起成长的结果。任何一个成功者都有一颗感恩的心，任何一个好的领导都是一个喜欢帮助别人的人，上司和员工完美配合，才能得到现在的成功，这样形成了一个相互帮助、良性循环的环境，才能使更多人走向成功。”听领导这样说，再看看领导和其他部门成员在欢乐地庆祝，王新不禁开始反思：怎样和领导共同成长呢，为什么大家都成长了而自己仍旧像以前一样呢？

其实，作为一名优秀的员工要认真分析领导者是如何对自己、对他人和对组织负责的。还要学会与领导者在承担责任中保持平衡，在正确处理个人、集体、社会关系的基础上保持个性、彰显本色，这样才能成为可堪大用、能负重任的栋梁之材。

魏小姐法律专业毕业后来到一家公司法务部实习，在这里她遇见了她人生中第一个上司。“我也许是整个公司最严厉的人，我对工作的要求很高。”这是魏小姐开始工作后听到的第一句话。她除了在工作上被要求做到一定程度以外，还经常被上司教诲要多学习哪类的知识、待人接物的规矩，甚至在工作时候的一些细节上也会被要求做到完美。魏小姐对他上司的所有要求都尽力完成，而且一些力所能及的事她都会帮上司妥善处理。虽然辛苦，就像同事说的那样——“帮领导做那么多事，自己得到了什么”，但是魏小姐有自己的想法，她觉得年轻人要多配合领导的工作，在工作的过程中学习领导是如何打造自己的思路的。做法律这行，思维定势、话语体系和实施方案等方面特别重要。她说：“工作中我们是合作关系，更多的是双赢，而不是谁成就了谁，我的上司会以过来人的身份和职业的角度来告诉我他的想法，这对刚入职场的我来说就是最宝贵的经验。”

和领导保持同步发展是员工实现个人成长的关键。领导就是“率领并引导”，领导就是带领全体员工向前走的人，领导就是带着全体员工怎么走的人。当领导者带领公司发展到一定程度时，员工个人的成长目标也会逐渐实现。为一位好上司工作是你事业成功的一把金钥匙。他会把你培养成他的接班人，而且为你树立工作上的榜样。当他升职时，你的位置也会跟着提升。同时，公司的领导者也要明白，员工能十几年如一日不受跳槽风潮影响，其中很重要的一个原因就是公司领导的知人善用，给员工一个良好的发展空间，让员工有信心和领导一起打拼。

当你进入公司，作为企业“家庭”中的一员时，不管你是才华横溢、能力出众，还是暂时名不见经传，只要你渴望进步，渴望担当大任，渴望获得更为广阔的发展舞台，就应该以忠诚、以企业主人翁的态度来争取。当你一心一意地跟随你的领导，和他共同成长，你会将整个身心彻底融入到工作中，尽职尽责，处处为公司着想，等到作出自己的成绩时，你就会成为一个值得领导信赖的人，晋升是早晚的事。上司和员工共同成长、共同创造，是一个企业发展的无穷动力，而当企业实现战略目标，得到飞跃发展的同时，员工的能力也得到了提升，待遇也得到了提高。一位成功的领导所取得的成绩依赖其内部所有员工的共同努力和不断进步。每一个员工的进步都会推动领导者的成长，每一个员工的努力都会为整个团队的进步增添一份力量。

第7章

谁是好老板

第一节 好老板能带给你机遇

现实生活中，很多人不具备成功的潜质，但他们仍然可以取得成功，重要的原因是跟对了人。如果你能有幸在一个成功的老板手下工作，那么你能成功的概率高达80%，另外20%就靠你自己的努力和运气了。好老板能让你少奋斗十年。在工作之中选对行业、跟对人会少走很多弯路，尽快走向成功。

好的老板能给你很多的指导和鼓励，无疑是一位良师益友，他可以缩短你的成长过程，让你在潜移默化中轻松学习到很多其他人要靠艰苦摸索才能掌握的东西。

不要总认为自己有能力、有本领、有文化、有经验，就会在工作中一帆风顺。事实上，在职场中生存，并不是在盲目地拼实力，更多的时候拼的是眼光，拼谁有眼力选择一个好老板，拼的是你能从老板那里得到哪些帮助。

阿奇在一家著名的外企上班，在这里，大家工作交流都是用英语，他的口语不是很熟练，为了能短期内进入工作状态，他把很多业务单词都死记硬背了下来。有一次，他一个人在办公室加班，刚巧一个客户打来电话，正好是阿奇负责的产品，因为阿奇特别熟悉这一块，所以说得很出色。巧的是，这个时候董事长也在办公室，刚好听到他讲电话。阿奇打完电话后，董事长对阿奇说："你是阿奇啊，英语挺好的嘛。"然后，董事长跟阿奇聊了很多，聊到英语在职场上的重要性，说到自己刚开始进这家企业的时候，正是因为出色的英语给自己带来了好运，并鼓励阿奇努力学英语，希望英语给阿奇带来意想不到的收获。董事长的鼓励让阿奇信心大增，他更加努力地学英语了。从此，他的英语越来越好，职位也越做越高。

有句俗话说，上马的时候有人扶，摔倒了有人搀，落水时有人向你抛救生圈。没有跟对人，你的事业道路将艰辛曲折得多，不仅损失精力、时间和金钱，还会消磨你的信心和耐心，而这些失去的将永远无法追回，你一辈子的努力可能赶不上别人几年的进步。

曾国藩，初名子城，字伯涵，号涤生，谥文正，汉族，出生于湖南双峰县荷叶镇天坪村（旧属湘乡县）。曾国藩是晚清重臣，湘军的创立者和统帅，还是著名的军事家、理学家、政治家、书法家、文学家，晚清散文“湘乡派”创立人。他官至两江总督、直隶总督、武英殿大学士，封一等毅勇侯。他六岁时入塾读书，道光十二年（1832年）考取了秀才，并与欧阳沧溟之女成婚。后来他连考两次会试不中，随后又努力复习一年，于道光十八年（1838年）殿试考中了同进士。曾国藩当初一心想进翰林院，但是他在第三次赴京会试的时候考了三十几名。根据朝廷惯例，他只能去某个部门任管事，或者去全国各地某县做县令。但是有一个人在他朝考的时候帮助了他，并为他提供了发展的平台、成功的机会。从此以后，他一步一阶地踏上仕途之路。这个人就是穆彰阿。当时，穆彰阿担任会试总裁，他在调阅试卷的时候发现曾国藩的文章写得特别好，就把曾国藩的成绩改为一等第三名。穆彰阿还把朝考的成绩上呈给皇上，并在皇上面前赞了曾国藩一番，皇上也觉得曾国藩的文章比较出色，就把曾国藩调升为第二名。在穆彰阿的提携下，曾国藩在翰林院步步高升。后来，穆彰阿还找机会让曾国藩见皇上，获得皇上的好感。曾国藩很快就官居二品，这对一个汉臣来说是一件很不容易的事情。

每一个身在职场和即将步入职场的人最大的希望莫不过有一个优秀的顶头上司、成功的老板。做错事可以弥补，跟错上司、跟错老板赔上的可就是自己的前途了。有的老板所带领的团队心不齐、缺乏办事效率，在这样的老板手下做事，你很难有发展；而有的老板凝聚力强，所带领的团队无论做什么事情都齐心协力、雷厉风行，在这样的老板手下，你很快就能成长起来。

钟彬娴，想必早已为大家所熟知，她是雅芳公司百年历史上第一位华裔女性CEO。

1958年，钟彬娴生于加拿大多伦多一个中产阶级移民家庭，她是家中的长女。1979年，钟彬娴以优异的成绩从普林斯顿大学毕业。毕业后，她进入鲁明岱百货公司做了一名销售人员。

在鲁明岱百货公司，钟彬娴遇到了公司首位女副总裁万斯。万斯教给钟彬娴很多工作经验和技巧，两个人一个好学上进，一个倾囊相授。不久后，两个惺惺相惜的人成了工作中的好伙伴。在万斯的指导下，钟彬娴进步很快。她从普通销售做到了销售规划经理、内衣部副总裁。

1987年，万斯接受了玛格林公司的邀请，并且成为该公司首位女CEO。她建议已经和自己成为知己的钟彬娴一起去，于是，钟彬娴就跟随万斯来到了旧金山。几年后钟彬娴被提拔为高级副总裁。1991年，在美国营销界小有名气的钟彬娴被美国奈曼玛克斯服装公司相中，出任执行副总裁和时尚代言人，由此开始了自己单打独斗的商界生涯。

在钟彬娴成功的道路上，万斯扮演了一个重要的角色，如果没有她，恐怕就没有后来的钟彬娴。正如钟彬娴所坦言的那样："万斯女士，是我的职业领路人。"

在职场中，我们选择老板的时候应该谨慎考虑，这是人生成败的关键，但人们却很少加以关注，许多人求职都是纯靠机缘凑巧。对于职场中人来说，老板是最好的学习对象，向老板学习，你可以变得更优秀，可以获得更多的成功机会。

从索尼美国的实习生到索尼中国的副总裁，张燕梅成为索尼在华公司中唯一一位部长级的中国人，实现了自己完美的职业路径。如今身为盛大网络副总裁的张燕梅，把她在索尼的成长历程用一句话概括："原来的老板是我最大的贵人、一辈子的贵人，他在职业上给了我很多受益一辈子的东西。"

在1990年5月到8月期间，张燕梅在美国新泽西州的索尼电子总部实习。当张燕梅第一次以实习生的身份到索尼美国总部报到时，老板藤田问了她一个问题："你将来有什么打算，还回中国吗？""当然回！"张燕梅不假思索，干脆的回答给藤田留下了深刻印象。在索尼美国待了四年之后，张燕梅决定回国。当张燕梅有这个想法后，就参加了美国几家大公司的面试，看有没有可能被派回北京工作。这个时候，藤田找到了张燕梅，一句“以后不要把我当老板，而是把我当朋友”道出了他内心的真实想法——藤田不想让张燕梅离开索尼。于是，1993年圣诞节，张燕梅回到北京，成为索尼中国办事处的0001号员工。为索尼服务了14年之后，2004年，张燕梅决定接受陈天桥的邀请加入盛大。2005年春节，张燕梅收到原老板藤田先生的一封邮件。他说：“过去十几年，我总能帮到你。但是现在你去了盛大，我还是有点担心你，真的觉得有点帮不上你了。不过没有关系，我随时都在这儿，你随时可以打电话给我。”

综观我们周围，在众多成功人士的背后，我们不难发现，他们都有贵人伴其左右，他们紧跟着贵人，受到贵人的提携和帮助，甚至有的人最终取得了超过贵人的成就。因此，你一定要在职场中寻找到自己的贵人，跟对能带给自己机遇的好老板。

第二节　好老板才能教出另一个老板

老板之所以是老板，必然有其过人之处。向老板学习，不是因为他是老板，而是因为他优秀。他之所以能成为老板，一定有许多你不具备的特质。当你在一个普通员工的位子上突然有了想当老板的想法，你就已经不是普通的职员了。如果能找到一个好老板，向他学习，你也可以成为一个出色的老板。学习老板，当然首先要学习老板的思考方式。你和老板最大的不同就是你们看问题的角度不同，你的出发点是一个员工，而他是作为一个老板看问题。你和老板的差距就在这里，你们看的是同一件事情，却看出了不同结果，那是因为你没有像老板一样思考。所以，首先你要学会老板的思维方式，像老板那样思考。

奥普浴霸这几年在国内发展很快，不少人觉得好像是一蹴而就似的。其实早在澳大利亚留学的时候，奥普浴霸董事长方杰就有意识地到澳大利亚最大的灯具公司——LIGHTUP公司打工。当时他还不懂商业谈判，他知道自己的缺陷，很希望学会谈判的本领。他知道他当时的老板是一个谈判的高手。每当有机会与老板一起进行商业谈判的时候，方杰总是在口袋里偷偷揣上一个微型录音机。他将老板与对方的谈判内容一句句地录下来，然后再回家一遍一遍地听，仔细揣摩、学习，看看老板是怎样分析问题的，对方是怎样提问的，老板又是怎样回答的。方杰就这样学习老板，几年以后也成了一个商业谈判的高手。最后老板退休了，把位子让给了他。到了1996年，方杰差不多已经成了澳大利亚身价第一的职业经理人。此时他不想当打工仔了，想自己回国创业。方杰的奥普浴霸就是在这样的基础上做成的。方杰并不是一个天生的生意人，他的成功就是虚心向老板学习的结果。

职场也需要贵人、需要伯乐。他可能是你事业中的一盏明灯，直接照亮你的职业前途，甚至改变你的一生。话又说回来，如果职场遇到“恶老板”，也会让你职业前途坎坷多舛的。业绩好的时候，他会把所有的功劳都算在自己的头上；业绩差的时候，他会把所有的责任都推给手下。他不能教你任何东西，你也得不到提拔，前途也是渺茫的。所以职场拼搏，遇到知音和伯乐，一定要以诚相待，抓住机遇，把握命运。

余晓雷的头衔很多：广东省CIS战略研究所特邀研究员，脑白金、新天印象酒业、云南红、香格里拉藏秘之常年营销顾问，中国商业文化协会、市场营销协会理事，广东省阳光咨询公司首席营销策划顾问。余晓雷有个绰号，叫“老板教练”。“我认为创业的正确顺序是销售—管理—创业。通常很多朋友问，开这个店如何，做这个生意如何？我只答一句：你去卧底了没有？如果你认为当老板比游泳复杂，你一定要去卧底，因为如果你没有去跟教练、跟哥哥姐姐学游泳，你一定会淹死。当老板，没有人教你，所以要卧底。卧底要从销售做起，懂得了怎样销售，再学如何管理，最后才能创业。可是95%的人先把店开起来，等钱大把大把地花出去又收不回来的时候，才开始学习销售、管理，因此这些人都会失败。”余晓雷通过《非常财智》建议有创业热情的朋友们，有创业愿望并不代表适合马上创业。与其贸然下海，不如认真向现任老板学习，学习老板如何经营管理，遇到危机又是怎样调整经营策略、合理压缩成本、进行人事管理等。“今天向老板学习，明天才能当好老板。”余晓雷说。

有人说，工作是老板给予员工的恩赐，没有老板，员工也就没有工作机会，因此，对于老板，员工应当心存感激。也有人说，员工是企业发展的关键力量，水能载舟，亦能覆舟，对于员工，老板也应当心怀感谢，为员工创造一个更好的工作环境。这两种说法都有道理，老板和员工之间应当学会互相感恩。正如一位当了老板的人在回忆时所说的：“过去我曾经为他人工作，现在则为自己工作。以前总是认为老板太苛刻，现在却觉得员工太懒惰，太缺乏主动性。其实，什么都没有改变，改变的是看待问题的方式。”

遇到一个好的上司、老板，对于职场中人真的很重要。我们可以从好上司、好老板身上学到很多做人和做事的道理，也能在他的指导下避开一些危险的陷阱。

如果你能随时随地向老板学习，那么你做事会更尽心尽力，像老板一样思考，像老板一样行动。当你潜心地向老板学习，你就会主动考虑企业的成长，考虑企业的未来，你会感觉到企业的事情就是自己的事情。那么，很快你自己也会成长为一个出色的老板。

第三节　好老板会给你一个舞台

能够进入好的公司，遇到好的老板，是一个人职业生涯中的幸运。如果你能遇到一个好老板，你的职场前途必然会更加宽广。上司对你的信任度和支持力度直接决定了你能干出多少成绩，好的老板会包容你的一些小缺点，会给你提供让你自由发挥的舞台。

当年，韩信虽腰挎宝剑，心中雄兵百万，但是他既不懂得经商，也不会结网捕鱼，更不会种地，只好在一个亭长家混饭。时间一长，人家也就烦了，自己只好跑到河边钓鱼。只是他那钓鱼的技术也不好，让在一边洗衣的老妇人看得可怜，于是每天分他一些饭吃。每天过这样的可怜日子也就罢了，有一天，他还被迫从别人的胯下钻过。后来他投奔项梁不得重用，又投奔刘邦，还是得不到重用，好在萧何慧眼识人，将韩信推荐给刘邦，刘邦拜韩信为大将，他在拜将时的言论成为楚汉战争中刘邦取胜的根本方略，并最终被拜将封侯，英雄有了用武之地。

作为战术家，韩信为后世留下了大量的战术典故：明修栈道、暗度陈仓，临晋设疑，夏阳偷渡，木罂渡军，背水为营，拔帜易帜，传檄而定，沈沙决水，半渡而击，四面楚歌，十面埋伏等。其指挥的井陉之战、潍水之战都是战争史上的杰作；他率军出陈仓、定三秦、擒魏、破代、灭赵、降燕、伐齐，直至垓下全歼楚军，无一败绩，天下莫敢与之相争。

归根结底，这一切是因为韩信遇到了一个“好老板”，让他有发挥的舞台。人要在职场上混得好，必须找到一个好老板，这是希望出人头地的职员们首先必须要做而且必须做对的一件事情。如果老板不好，你再怎么努力，其实也只是浪费你自己的时间。有一个人，和韩信在同一个时代，因为跟错了人，有了不同的遭遇，这个人就是项羽的主要谋士——被项羽尊为“亚父”的范增。公元前206年，范增随项羽攻入关中，劝项羽消灭刘邦势力，未被采纳，后在鸿门宴上多次示意项羽杀刘邦，又使项庄舞剑，意欲借机行刺，终未获成功。公元前204年，刘邦被困荥阳（今河南荥阳东北），刘邦手下谋士陈平施离间计，令项羽以为范增勾结汉军，从而削其兵权，范增大怒而告老回乡，病死于途中。

在古代，有识之士都希望可以找到明君。职场中人就像古时身怀技艺的侠士，自身的武功高低暂且不说，总是想寻觅到一个慧眼识英雄的好老板。不管是陈平、张良、萧何、韩信，还是普通人，没有谁不害怕明珠暗投的，职场中人不想在一个碌碌无为的企业里白白虚耗宝贵的青春。

人们经常把《三国演义》的人物带到当今的职场中，很多人会问，如果你是三国里的某某，你会选择刘备、曹操、孙权中的哪个人做自己的老板？如果是我，我选择曹操。曹操身边的人大部分都是投降的将领，而且这些人都跟了他一辈子。历史上的曹操是一个政治家，用现代人的观点看，他就是一个颇具韬略的企业家，而且他十分爱才。曹操和袁绍进行官渡之战时，袁绍的兵力是曹操的数倍，曹军战局很不利。此时曹军粮草又告罄，更是雪上加霜。正在这时，袁绍无谋，听信谗言，不但不听许攸的计策，还羞辱他。许攸看袁绍不听忠言，知道他必败无疑，决定投靠曹操。曹操此时正在睡觉，但他一直没有睡着，军情紧急啊！这时突然听说许攸来投，高兴得鞋也不穿就跑出来迎接。许攸看曹操求贤若渴，彻底决定投靠曹操。

如果你迫切希望做出出色的成绩并证明自己，希望有广阔的舞台，希望有充足的资源支持，那么你一定要选择一个好的老板。在当今社会，很多人都希望能遇到一个好老板，能够信任自己，让自己的才能得以发挥。与这样的老板共事，自己才可能有出头之日。

刘娟在一家中等规模的公司里工作了近十年，一直深受老板的器重，负责一些很重要的业务。她总是对朋友说，她快要成为公司的第一个女副总裁了。朋友也由衷地为她高兴。但是前几天，她却突然告诉朋友她离职了。朋友很奇怪，问她为什么突然辞职了，刘娟苦笑着说：“还会有什么原因？终于识破了老板在给我‘灌迷魂药’呗！”原来有一次，刘娟和老板一起陪客户吃饭。老板在酒桌上喝多了，酒后吐真言，很得意地对客户提起自己的“管理之道”，说其实员工很好管理的，只要给他们一个虚无缥缈的梦想就好了。刘娟听后觉得很心寒，在又一次和老板提待遇问题时，老板依然只是开空头支票。因此，刘娟黯然离职了。

在职场中，每个人都有自己的目标，有自己的梦想，正是为了获得某些东西，实现某些梦想，成就自我而努力工作。找到一个好老板，你的才能才会被激发，并得到充分发挥，也才能有一个可以真正实现自我的舞台。

第四节　好老板是你职场进步的动力

对职场新人的阶段性目标来说，最大的幸运就是有机会学习、历练，而且有人告诉你什么是对的，什么是错的，有人给你指点迷津，有人关注、品评。的确，这远比靠自己去磕碰、领悟要更有效率，进步得更快。而那个人理应是你的老板或者上司。

小李刚进入公司时做行政工作。碰巧，公司从行政、销售等各部门抽调人手组建市场部，本来搞行政的小李，被硬生生地指派成了专职策划。好多次，老板给他安排的工作岗位都是他从未涉及过的领域。当小李表示犹豫、没把握时，老板就以一种不容置疑的口吻说："你行的！"老板对工作的思路从不作太多硬性的规定，经常鼓励员工自己开发思维："自己去策划吧！"当然，老板会对工作的过程给予关注，在小李及公司其他员工碰到困难的时候，老板会提供有力的支持，殷切地期待着大家的成功，就这样，他给了员工们一个足够的展示空间。

不但是对工作的肯定，对员工个人的一些专长以及员工对问题的判断力，老板也总是进行赞美。小李经常做许多文字工作，像拟写公文、编写制度等，老板就称小李是公司的"一支笔"，直到现在有时遇到他，他还会说："公司最精彩的文章都是你写的。"其实小李又何尝不知道，公司最漂亮的文章是老板用心血书写的，但是他总是把最好的赞美送给员工。这些赞美激励了小李，使小李懂得了欣赏自己，树立了极大的自信心，在并不很长的岁月里获得了快速的进步和发展，而所有的一切，又怎么离得开一个懂得欣赏员工、像朋友一样对待员工的老板呢？

这位老板的这种引导总是成功的，在他的鼓励下，小李及其他员工总能充分运用自己的知识和创造力，整合各方面的资源，把工作做得很出色，公司效益一年比一年好。

在竞争激烈的现代社会，靠一己之力走出一条成功之路几乎不可能，所以大家都得努力寻找“贵人”。从你工作的第一天开始，你就应该为自己选择一位老板或者上司作为你的贵人，有他们的提携和帮助，能节约你的奋斗成本，在有限的人生中攀升到更高的位置。

李智曾经在一家企业工作了十年，从一个最普通的小职员，逐步走上企业的领导岗位，成为一个成熟老练、高度职业化并且充满了自信和工作激情的经理人。而回想起十年来的每一步成长，他都有着一个巨大的动力，那就是他的老板。多年来，李智所在公司的董事长对李智所做的每一项工作、每一个创意，甚至于工作上一些微小的变化都会表示赞许和欣赏，有时还会作出“英雄所见略同”这样的评价，给李智以最大的肯定。对于一个职员来说，自己的创意得到公司董事长、商界成功人士的赞赏和认同，李智的内心充满了快乐，这种快乐长期以来成为李智工作的动力。

每个人都渴望生活幸福、事业成功。要想更快、更早地达到这一目的，一个好老板可以助你一臂之力，令你达到事半功倍的效果。老板带给自己的好处，不在于他有财有势，有强大的影响力，而是在于他愿意给你建议，提拔你，给你创造更好的条件，让你顺利挖到人生的第一桶金。

小江毕业后到一家公司工作，由于原来的采购员离职，老板就要小江接手采购工作。刚接到这个任命，小江心里很没底，毕竟刚刚毕业，自己以前从来没有做过采购，而且采购这个事情涉及公司的运营成本，责任重大，很担心做不好。但是老板的一句话让她有了动力和信心：“你的长处就是认真，你就放手干吧，有什么问题我来承担，你什么都不要害怕。”

老板的鼓励让小江松了一口气。此外，老板还亲自传授了不少采购窍门，并且经常给她机会，让她去接触更多的同行。小江感激老板的知遇之恩和真心鼓励，所以在工作中也一直在想办法，将公司的采购成本降得更低。

有了老板做后盾，小江的工作越发努力，现在已经成为公司的顶梁柱。

一个好老板会让你受用无穷。我们应不惜一切代价为杰出的成功人士工作，寻找种种机缘和他们共处，目的就是为了能多向他们学习。好老板的一言一行、一举一动，都会成为你职场进步的动力。

第五节 好老板等于一所好学校

员工有没有绩效，关键在于老板的领导。一只狮子带领的一群羊完全可以打败一只羊所带领的一群狮子，这是一个公认的真理。老板的命运往往就是一个单位的命运，也就是下属的命运。正如好莱坞流行的那句话："一个人能否成功，不在于你知道什么，而是在于你认识谁。"一个人想做一番大事业，除了自身具有优良的品德和能力外，更重要的是有人给你机会，只要认识对的人，机遇自然会摆在你的面前。很多人都说宁要好老板，莫要好单位。好老板等于一所好学校，你能在他的身上吸收到各种有利于自己成长的养分。

老板是职场中的佼佼者。很多人白手起家，打下了一片江山，他们的身上有很多值得我们学习的东西。多和老板沟通交流，就能从他们身上感悟到不少心得。若想尽快成功，非常关键的一点就是想尽一切办法和好老板面对面地学习，这样的效果比只是看书要快很多。在向老板汲取成功经验的过程中，还要学习老板是如何认识自己的，通过认识自己的与众不同，发掘自己的潜能，并发挥这些潜能，使自己更快地进步。

小赵从医学院毕业后到一家医院实习，她的领导是一位40多岁的中年人，那些新来的实习生都称领导是"老巫婆"。别人都同情她分在"老巫婆"的手下，小赵也是胆战心惊地跟着她的领导工作。可是越紧张就越容易犯错，"你知不知道你将来的工作是医生，医生就不允许犯错，哪怕是小错误，都是人命关天，你要对你的病人负责。"除了常规的实习课程外，"老巫婆"只是让她无数遍地自己练习，直到熟练为止，而且还要求没有一点失误。小赵几乎每天都是腰酸颈痛，可"老巫婆"一点都不同情她，反而让她整理笔记、跟随临床诊断等，这让小赵有些委屈。她说："去其他地方实习的同学，没有一个像我这样的，当时我真是很郁闷。"一年后，"老巫婆"将一个重症患者交给小赵，让她独自为病人诊断，制订治疗方案，并负责这位患者的手术，这让她既紧张又意外。但是没办法，她只能努力让自己清醒，结合自己平时的临床知识，以及扎实的基本功，最终小赵出色地完成了病人的手术。根据她提出的方案，病人很快痊愈了。两年后，小赵成为一名正式的骨科医生，技术在同龄的医生里面是最好的。"我现在才明白，我的领导教会了我什么，除了精湛的医术外，更重要的是告诉我医生的责任有多重大，我在每次手术时脑袋里都想到我领导的话，从而无论有多累我都能打起精神来。"

古往今来，由于领导、老板的表率作用，大到统兵作战，攻城略地，攻无不克；小到潜移默化，为人师表，成为垂范千古的楷模，可谓比比皆是。好领导、好老板之所以在某一方面高人一等，出类拔萃，必定有其成功的方法。我们应了解领导、老板的思维模式，并运用到自己身上。每个领导、老板都有自己独特的个人风格。生活在不同的社会条件下，由于人们的经历和地位不同，对同样的事物会形成不同的态度和价值观。这些不同的态度和价值观在很大程度上影响着人们的行为活动方式，影响着人们工作和生活的状况。每个领导、老板都有自己独特的处事方略。所以，我们的学习是多方面的，而且是深层次的，不只是认真地学习他们的做法，重要的是学习他们的态度、思维。我们工作中的领导、老板可能不是什么英雄豪杰，但他们是久经职场的资深教练，他们言传身教，告知我们职场的技巧和经验，是我们学习进步的好老师。

李海现在是一家网络公司的老板，公司刚成立没多久，但是已经走上正轨。公司虽然只有十几个人，但是工作效率很高，在客户中的口碑也非常好。李海作为公司的领导，办事一直雷厉风行，所以在他的管理下，他的公司也一直风风火火向前发展。大家都形容这家公司是一匹年轻的狼，想要发展谁也挡不住。李海说自己之所以形成现在的工作风格都源于他以前公司的老板。"几年前我在一家电脑公司打工，公司的老板很有成就，旗下有多家公司，但是他做起事来一点都没有老板的架子。”有一天晚上11点左右，李海在公司加班结束正要回家，他的老板亲自开车来公司，说是要做一个方案，明天早上客户就要用。于是，李海和他的老板一起加班，在凌晨两点多的时候还在为客户到处找资料，凌晨三四点还在演示设计方案，就这样他们忙了一个晚上。要是平时通宵加班，李海早就觉得累得不行了，可是这次加班李海不但没有疲劳感，当早上六点多钟客户满意的表情出现在脸上时，李海更感兴奋，他突然觉得原来的工作是这样有激情又有意义的事。其实李海的老板完全可以把这个方案推到第二天再做，但是，身为一个领导，他是公司的引导者，他的举动决定着公司命运。所以，李海的老板教会他的不只是怎么做生意，怎么能赚到钱，如何长期保持自己的激情，更重要的是怎么做一位成功的领导者。

大多数优秀的领导者起初都和我们一样，只是普通的员工，他们后来之所以能够成为老板，成为杰出的领导者，是因为他们从一开始就是一名聪明的追随者。他们明白一个道理：老板的所有经验以及失败的教训都是财富。我们要学会在老板身上学到我们自己受用的东西，在好老板这里汲取各种可为我所用的知识、态度、思维和经验等养分，从而让自己在职场中渐渐丰盈，不断发展，走向成功。

第六节　好老板是你的职场导师

据调查，职场人士中认为自己需要职场导师的人数比例高达97%。可以说，几乎每位职场中人都希望得到职场导师的指导，以帮助自己解决职场中的问题。其中，工作年限在一至三年的职场中人对职场导师的需求更加强烈，占总人数的31.47%。“我工作不顺利，就是因为没有遇到‘伯乐’。”步入职场的人大多都会抱怨，抱怨自己遇人不淑或怀才不遇。在职场中，能有一个好的职场导师作为自己前行的明灯，是非常幸运的事。有人说，初入职场，如果没有好的前辈作指导，那么会对今后的职业生涯造成影响。“三人行，必有我师焉。”在职场中，与其不相信有奇迹，又或是守株待兔，坐等贵人降临，不如擦亮眼睛，发现身边所有值得学习、借鉴的人或事。当你抱有这样的学习态度时，或许你的职场导师就会接二连三出现了。

职场中的好老师对职场中人的影响最重要，但是好的职场导师是可遇而不可求的。你有强烈的上进心，你有非常好的成功意愿，你也有超强的行动力，经过辛苦的努力之后你成功了。回想一下，在你追求成功的道路上，有没有人帮助过你？你的回答可能是有，也可能是没有。但是，你的成功离不开别人的指导，只是你没有感觉到罢了。所有的成功者身后都会有一些贵人在指路、相助，他们就是我们的职场导师。

当你在事业中感到迷茫、步履维艰时，如果有人能给予你指导与帮助，那么这比你作任何决定都来得重要。因为他们的成功经验、成功模式，能使你在非常短的时间内产生非常大的效应。如果这些帮助你的导师能把自己失败时所做错的事情也让你知道，让你明白哪些是你不该做、不能犯的错误，那么你就可以少走弯路，走对方向，你的成功就会来得更轻松一点、更快一点。

美国前总统克林顿无疑是幸运的，他的幸运在于他遇见了自己的人生导师。在17岁的时候，克林顿立志要当音乐家，他擅长演奏萨克斯管，曾担任阿肯色州管乐队首席萨克斯管演奏员。一次偶然的机会，在夏令营进行的“总统”模拟竞选中，克林顿表现出色被选为“总统”。于是，在“总统”克林顿的率领下，当选的“参议员”“州长”等领导人获准到华盛顿旅游，游览名胜，参观白宫，并受到当时肯尼迪总统的接见。在白宫的玫瑰园，肯尼迪总统微笑着与同学们一一握手，并合影留念。肯尼迪总统对克林顿说：“我从报上读到你的竞选演说，很有特色。”克林顿谦虚地说：“我对美国的文化、社会研究不深，有的提法可能不当吧？”“你敢于提出来，就应该受到鼓励。”肯尼迪总统亲切地笑了笑说：“你们是美国未来的希望，世界美好的明天属于你们。”克林顿的心潮如同密西西比河的浪涛般翻滚。在白宫遇见了当时的美国总统肯尼迪之后，克林顿改变了志向：他决定放弃当音乐家的梦想，立志当一个政治家。从此，他的人生和事业方向有了重大改变。肯尼迪在他的事业中发挥了非常大的作用。可以说如果没有肯尼迪，就没有前总统克林顿，充其量会多了一个著名的音乐家。肯尼迪可谓克林顿的人生导师。

有时导师的一句话就可以改变我们的人生轨迹。几千元的一个旅程，我们会请导游；生活中拆装空调、疏通下水道等，我们会请教师傅。但人生几十年，很多人却没有导师的指引，全凭自己瞎摸瞎撞，这其中要吃多少亏，要走多少弯路，要浪费多少人生的光阴。我们要想成功，离不开导师的点拨和提拔，也离不开导师给我们的机遇。如果单靠自己在成功的道路上探索，不仅需要很长时间，而且成功的机会也很渺茫。既然我们都知道“守株待兔”是愚蠢的举动，那么我们就应该主动去寻找职场导师，去寻找属于我们的机遇。

有些人虽然没有遇到职场中的领路人，但能够从周围人身上吸取经验，并活学活用，为自己在职场中积累了一笔不小的财富。其实只要你用心，身边的每一个人都是你的职场导师。

小李在一家公司做网页设计，刚来到这家公司的时候，他是公司里年纪最小也是业务最不熟练的。他所在的小组一共有四位前辈负责设计创意工作，领导并没有特意为小李安排某个人作为指导老师，只是让他遇到不明白的地方随时请教。工作一段时间后小李发现，在那里每个人都是网页制作高手，各有所长，都有自己的想法。因此，细心的小李在请教每一位前辈的同时，都会留意他们的创意方向和思路，然后结合自己所学的知识，从中找到新的亮点。就这样他仅用两年的时间，就从毫无经验的实习生成长为一位优秀的设计师。28岁的他跳槽到一家中外合资的IT公司做设计总监，许多人向年轻有为的他学艺。说起自己的成长经验时他说："其实，从进入职场的第一天起到现在，我的每一位同事都是我的职场导师。他们教给我的都是经验，这对我来说受益匪浅。"

有人指导，职场这条路走起来会更顺畅，但并不是每个职场中人都能幸运地在关键时刻遇到自己的职场导师。职场中人可以从强者身上学到本事，可以从身边人身上积累经验。"职场导师"没有准确的定义，当你用心去发现，你身边的每一个人都是你值得学习的老师，他们在无形中教会你许多。人生没有固定的导师，向不同的人学习不同的经验，这样才能让你更全面地发展与提高，成长得更快。即使成功的人也是在不断地寻找新的导师，学习新的经验，以适应瞬息万变的职场。

世界成功学权威安东尼·罗宾的演讲费可以说是目前世界上最高的，他的成功学成为众多梦想成功的人的人生指南，他的名字在职场中无人不知。这位成功学大师之所以有今天的成绩就是因为在他最无助、最迷茫时遇到了他的人生导师——吉米·罗恩，是吉米·罗恩帮他走上了研究成功学、帮助他人成功的道路。可以想象，当年如果没有吉米·罗恩的引导、帮助，他可能还坐在穷困潦倒的家中。

在复杂的社会中前行，如果没人指引，难免会走不少弯路，浪费不少时光。职场中人最大的幸事，莫过于遇到一些好导师，他们能结合你的实际，提出让人心悦诚服的人生规划建议，从而帮你找到一条不必迂回的成功之路。在职场中，我们跟随导师的过程其实就是积累经验的过程，但真正的职场是没有固定导师的，能够给自己帮助的人，都可以算作自己的职场导师。不论是初出茅庐的新人还是经过历练的老手，在工作中必然会遇到各种挑战，面临各种问题，的确，没有人在工作中样样都通，而聪明的人懂得寻找一位甚至多位知识丰富的导师，给自己指点迷津，帮助自己更快地走向成功。